KT-366-882

PROFIL DOSSIER

Collection Profil dirigée par Georges Décote
Série Dossier sous la direction de Janine Brémond

ÉCONOMIE – SOCIOLOGIE – SCIENCES SOCIALES

La Communauté Économique Européenne

TOME 1

2e édition

Clotilde LENNUIER
Régine LIGNIÈRES
Professeurs de Sciences Économiques et Sociales

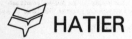 HATIER

Sommaire

ISBN 2.218.05644-5

« Je ne suis pas convaincu que l'Europe ait jamais existé ». Ce doute du géographe Le Lannou, s'il surprend le cartographe pour qui l'Europe est constituée de 34 États, n'étonne ni l'historien, ni l'économiste. En effet, l'Europe est un ensemble dont les caractères et les frontières se sont modifiés au fil des époques, l'Europe de la Communauté Économique Europénne (C E E) n'est pas l'Europe de Charlemagne, ni celle du Congrès de Vienne.

Les pays membres

En 1957, six pays s'attribuent le qualificatif de Communauté Économique Européenne, suivant ainsi l'exemple des États-Unis d'Amérique lors de la constitution de l'Union.

En 1973 trois nouveaux adhérents, puis en 1980 l'entrée de la Grèce font passer l'Europe de six pays à neuf, puis à dix. L'élargissement à l'Espagne et au Portugal aboutirait à l'Europe des douze en 1986.

L'Europe s'étend désormais du Danemark à la Sicile, de l'Irlande à la Grèce. Mais, la Suisse, dont les trois langues sont justement celles des trois grands pays signataires du traité de Rome, aujourd'hui cœur financier de l'Europe, reste à l'écart de la construction européenne.

De même, l'Autriche, jeune État issu d'une vieille puissance dont l'influence sur l'histoire du continent fut importante, la Suède aussi dont le mode de développement et le haut niveau de vie étonnent encore, restent à l'extérieur de la communauté européenne.

Ces trois pays, mettant en avant leur statut de neutralité, n'apporteront pas leur pierre à l'édifice.

Les choix initiaux

Quelle Europe les signataires du Traité de Rome ont-ils voulu forger ? Il faut souligner que le renouveau de l'idée européenne au lendemain de la guerre s'effectue dans un contexte bien particulier : coupure de l'Europe entre deux blocs, lancement du plan Marshall. Faire l'Europe est donc d'abord un enjeu stratégique pour les deux super-puissances. La « petite Europe » se construira d'abord comme rempart contre le risque d'extension du communisme, la motivation politique l'emporte alors sur la motivation économique[1]. Mais hormis le choix socialiste exclu par le contexte il y avait plusieurs choix possibles à une construction européenne capitaliste. Quelle Europe ? « celle des fédéralistes, qui veulent d'abord créer l'autorité suprême, et la coopération pratique en découlera ; celle des "pragmatistes" qui veulent partir d'engagements concrets et de réalisations matérielles pour aller peu à peu vers une sorte de lien confédéral ; celle des libéraux, qui croient à la nécessité prioritaire de supprimer les barrières aux échanges ; celle des dirigistes qui veulent d'abord coordonner les économies et planifier ; ... celle des atlantistes et celle des continentaux ou des neutres, etc. » (J.-F. Deniau)

---

1. Le 22.1.1948, pour contenir l'expansion soviétique en Europe, le Secrétaire d'État au Foreign Office, Ernest Bevin, lance l'idée d'une organisation commune aux pays européens occidentaux. Des négociations à Bruxelles s'engagent en février 48 en réponse à cet appel.

Les pragmatistes et les libéraux l'emportent dans l'Europe du Traité de Rome (1957). La politique des « petits pas » est retenue, la libération des échanges devient l'objectif principal et l'Europe se met en marche. Europe des compromis car la perspective d'une Europe-marché ne peut pas être envisagée de la même manière par des partenaires aussi différents que l'Allemagne, la France ou l'Italie. Pour l'Allemagne, l'accélération de la construction de l'Europe-marché est une occasion de se renforcer, pour la France et l'Italie le pari est moins évident et une période de transition est nécessaire pour réaliser les mutations économiques permettant de s'adapter à la situation nouvelle.

Europe des compromis, des affrontements répétés, des chantages à la rupture, la tentation est grande pour les partenaires en difficulté de bloquer le processus communautaire ou d'utiliser leurs atouts pour obtenir des concessions. Ainsi, l'adhésion de la France fut conditionnée par la mise en place d'une politique agricole commune.

Pourtant, incontestablement, il y a des faits européens et de multiples données de la vie quotidienne sont marquées par l'existence de la C E E. Les ouvriers et les ingénieurs de la SNIAS à Toulouse savent que le plan d'embauche de leur usine dépend en dernier ressort du succès de grands projets mis en chantier à l'échelon européen, les céréaliculteurs du Lauragais ou d'ailleurs attendent avant d'ensemencer du lin que les experts de Bruxelles aient fixé le montant des primes sans lesquelles cette culture ne serait pas rentable...

Organisation de l'ouvrage (Tomes 1 et 2)

Cet ouvrage, après un premier panorama sur la naissance du Traité de Rome, étudie les réalisations concrètes les plus importantes : le Marché Commun industriel (chapitre 2), le Marché Commun agricole (chapitre 3). Comme on ne peut pas se limiter à l'étude de la circulation des marchandises, les industriels avant de vendre doivent produire, il faut se poser la question de l'internationalisation de la production et de sa dynamique : la multinationalisation d'un nombre croissant de firmes originaires des différents États-membres correspond-elle à l'émergence d'un véritable capitalisme européen ? (chapitre 4). Quant aux États qui avaient manifesté par la signature du traité leur volonté de construire l'Europe, ont-ils concrétisé leur intention d'aller plus loin que l'union douanière ? Ce problème est abordé dans le Tome 2 de cet ouvrage. Ont-ils mis en œuvre une politique industrielle favorisant la constitution d'un « tissu industriel européen », ont-ils organisé de manière cohérente le repli des secteurs en déclin : quelle signification peut-on donner à l'Europe des Grands Projets ? (Tome 2).

Ont-ils manifesté une volonté politique d'avancer dans la voie de l'intégration en posant des jalons pour une union monétaire européenne ? (Tome 2).

Et pour l'Européen qu'est-ce que l'Europe ? Dans quelle mesure l'Europe l'intéresse-t-elle ? Mais existe-t-il des Européens, une culture européenne ? (Tome 2).

L'Europe à l'aube des années 80 est celle que ses forces motrices ont forgée, compte tenu de leurs intérêts, de leur volonté (ou absence de volonté) de progresser, de leur capacité à infléchir le cours des événements. Plus de vingt ans après la signature du Traité, un bilan s'impose. Qu'en est-il de l'Europe vis-à-vis d'elle-même ? Quelle est la place de l'Europe dans le monde : a-t-elle renforcé son poids économique et politique, parle-t-elle d'une seule voix, est-elle perçue par l'extérieur comme dotée d'une identité spécifique ? (Tome 2).

L'Europe a-t-elle resserré ses liens ? L'Europe de la divergence du début des années 80 permet d'en douter. Les élections européennes au suffrage universel de 1979 marquent-elles une étape nouvelle vers les « États-Unis d'Europe » ? (Tome 2).

La problématique d'ensemble

Le découpage par chapitres, s'il est inévitable pour apprécier le processus communautaire dans ses différents aspects, ne doit pas occulter le fil conducteur de la démarche suivie. Une préoccupation dominante est toujours présente : l'Europe progresse-t-elle dans la voie de *l'intégration véritable* ? Il importe de cerner le plus correctement possible la notion d'intégration pour être en mesure de distinguer sans équivoque ce qui dans le processus de construction européenne est indice ou signe d'intégration et ce qui renvoie à d'autres phénomènes. Intégrer, « c'est s'efforcer de rassembler les éléments pour en faire un tout ou augmenter la cohésion d'un tout déjà existant » (F. Perroux). « Ce n'est pas additionner, c'est accroître sur un espace donné la compatibilité des plans d'un ensemble de centres de décision appelés à former un seul système économique » (M. Byé). La question décisive apparaît donc être la suivante : l'espace européen est-il le résultat d'une simple addition ou peut-il être perçu comme une totalité en construction ? Est-ce une simple *collection* hier à six pièces, aujourd'hui à dix, ou s'agit-il d'une *organisation* ? Qu'est-ce qu'une organisation ? Diverses parties, différant tant par leurs structures que par leurs fonctions, coordonnées entre elles, éventuellement d'ailleurs subordonnées, dans un ensemble *solidaire* et dans une activité convergente, d'où résulte l'unité de l'objet dans la diversité de ses composants. Dans un ensemble déjà intégré (tel un État par exemple) le maintien de disparités importantes est concevable et si ces disparités s'aggravent au point de menacer la cohésion nationale, les Pouvoirs Publics disposent de moyens, telle la politique d'aménagement du territoire, pour les contenir dans les limites acceptables. Cela est possible si la solidarité au niveau global l'emporte déjà sur les particularismes locaux et si les différences sont perçues comme secondaires par rapport au tout.

Dans un ensemble non encore intégré le problème des disparités se pose d'une manière différente. Certes des langues, des pratiques culturelles spécifiques peuvent et doivent coexister, on peut concevoir et même rechercher une certaine spécialisation entre zones économiques. Mais lorsque les différences deviennent synonymes d'inégalités persistantes, voire croissantes, lorsque les interdépendances signifient hiérarchisation et subordination, elles apparaissent inacceptables et sont vécues comme un injuste transfert de richesse et de pouvoir entre pays encore rivaux.

L'acceptation d'une répartition inégale des gains n'est-elle pourtant pas inhérente à tout pari communautaire ? Les avantages de l'union ne sont-ils pas à considérer pour l'ensemble de l'espace C E E et non pays par pays ? Ne doit-il pas y avoir déplacement de la solidarité du niveau national au niveau communautaire ? Certes oui et une telle vision de la construction européenne s'exprimait assez bien dans la conception du budget communautaire européen. Les limites de ce budget tant du côté de ses ressources que du côté de ses emplois et les appels de plus en plus pressants en faveur du principe anti-communautaire du « juste retour » montrent à quel point cette vision ne fait pas l'unanimité.

La dynamique naturelle du marché grâce à la réalisation de l'Union Douanière a eu pour effet de transférer les ressources des zones défavorisées vers les zones les plus riches : l'effet d'entraînement attendu des pôles de développement s'est « grippé », ces pôles devenant des enclaves privilégiées. A la place « d'effets d'entraînement » il y a eu trop souvent renforcement des pôles de puissance. Au niveau des États cela a conduit à l'Europe de la divergence et des rivalités de puissance. Au niveau des régions « périphériques » (Italie du Sud, France de l'Ouest, Nord des Pays-Bas, Écosse, Nord de la Bavière, Irlande), au lieu d'une mise en valeur du potentiel sous-utilisé, les ajustements se sont réalisés par des migrations de main-d'œuvre. Pour éviter cette évolution des actions volontaristes auraient été nécessaires et sans doute aussi d'autres priorités (privilégier la convergence des économies au moins autant que la libération des échanges). Malgré ces difficultés l'Europe existe. Quelle est la portée de ses réalisations les plus évidentes (Union Douanière, politique agricole commune) ? Celles-ci correspondent-elles à un processus d'internationalisation des marchés ou d'intégration économique ?

Mais l'Europe pouvait-elle être autre que celle que les différents acteurs voulaient et pouvaient construire ? Dans le processus d'unification européen il n'y a aucune mobilisation populaire : à l'image, par exemple, du courant de Mazzini qui, lors du processus d'unification italienne, en personnifiait l'aspect démocratique. Un certain désintérêt des travailleurs a accru le rôle des entreprises sur les orientations de l'Europe. Mais les entreprises elles-mêmes ne parlent pas d'une seule voix. Suivant leur taille, leur secteur, leurs stratégies, leurs choix divergent. Les plus dynamiques ont-elles encore besoin de l'Europe aujourd'hui ? L'Europe n'est-elle plus qu'un relais vers la mondialisation ou un rempart provisoire contre la crise. Que reste-t-il ? Les États. En l'absence de l'émergence d'un véritable capitalisme européen, seule une volonté politique des États aurait pu impulser une dynamique unitaire. Mais progresser dans l'intégration supposait un transfert de pouvoir au niveau européen. Quant aux autres pays (États-Unis en particulier), ne craignent-ils pas depuis longtemps qu'une Europe unie devienne trop autonome ?

Chronologie

Dates	Marche vers l'unité et vie des institutions	Le Marché Commun industri[el] Autres politiques commune[s]
1957	Traité de Rome - C E E - Euratom - Cour européenne des Droits de l'Homme	
1959		Première réduction des droits douane (10 %)
1960		
1961		
1962		Réglementation des ententes d[es] entreprises
1963		
1964		Libre circulation des travailleur[s] Plan communautaire de lutte co[n]tre l'inflation.
1965	Fusion des exécutifs des trois Communautés	
1966		Harmonisation des taxes fiscal[es] de la politique sociale, de la po[li]tique régionale.
1967		1er programme de politique é[co]nomique à moyen terme
1968		18 mois d'avance pour l'achè[ve]ment de l'Union Douanière
1970		Plan Werner (objectif : 1 monna[ie] commune pour 1980).
1971		Accord des Six sur l'Union éco[no]mique et monétaire. Mise en place du système d[es] Montants Compensatoires Mon[é]taires.

Politique Agricole Commune	Relations extérieures de la C E E
1er accord sur une Politique Agricole Commune	
	Ire demande d'adhésion de la Grande-Bretagne, de l'Irlande, du Danemark
1er accord sur l'Organisation du marché des céréales (F E O G A)	
Adoption d'une 2e série de règlements (bœuf, produits laitiers)	Veto français à la candidature britannique. Ire conférence de Yaoundé sur l'association des pays africains et malgache.
Le financement communautaire des défenses agricoles communes. Fixation de prix communs (blé, orge, maïs).	
Rupture ouverte entre la France et ses 5 partenaires.	
Accord sur les financements. Marché unique : huile d'olive.	
Marché unique des céréales, viande porcine, œufs, volaille, graines oléagineuses, fruits, légumes et riz.	2e rejet français de la candidature britannique. La C E E parle d'une seule voix dans l'accord Kennedy-Round.
Plan Mansholt sur les structures agricoles. Marché unique du sucre.	Mise en place du T E C (tarif extérieur commun).
Marché unique pour tabac brut, vin, lin et chanvre.	Ouverture des négociations d'adhésion avec la Grande-Bretagne, l'Irlande, le Danemark et la Norvège.
Marché unique : produits de la pêche. Manifestation à Bruxelles de 100 000 agriculteurs des Six Pays. Approbation du Plan Mansholt.	

Dates	Marche vers l'unité et vie des institutions	Le Marché Commun industrie Autres politiques communes
1972		Relance de l'Union économique e monétaire.
1973	Entrée en vigueur officielle de l'Europe des Neuf	Serpent monétaire
1974	Accord sur la relance politique de l'Europe	
1975	Referendum en Grande-Bretagne (oui : 67 %).	
1976	Accord sur l'élection du Parlement Européen au suffrage universel.	
1977	Les chefs d'État décident que la C E E sera représentée au « Sommet » des pays industrialisés.	Plan Davignon (Sidérurgie). Entente : la commission de la concurrence qui remplace celle des ententes voit son rôle de contrôle accru. La commission prend des mesures pour défendre la production textile.
1978		Le Franc vert est dévalué. La France obtient une réduction des montants compensatoires. Réévaluation de 3 % du D M pa rapport aux autres monnaies du Serpent.
1979	Signature du traité d'adhésion de la Grèce au Marché Commun.	Entrée en vigueur de S M E (système monétaire européen) et de l'E C U.
1980	Après de nombreux échecs, accord des Neuf sur la réduction de 15 milliards de la contribution britannique au budget communautaire.	Les Neuf déclarent l'état de « crise manifeste » de la sidérurgie, la production d'acier européen reste contingentée. 1re application de l'article 58 du travail de la C E C A.

Politique Agricole Commune	Relations extérieures de la C E E
	Traité d'adhésion de la Grande-Bretagne, de l'Irlande, du Danemark, (rejet par referendum pour la Norvège). Accord d'association avec les pays de l'A E L E.
	Ouverture d'un dialogue C E E-pays arabes.
	Convention de Lomé entre C E E et 46 pays (Afrique, Caraïbes, Pacifique). Demande d'adhésion de la Grèce.
Entrée en vigueur de co-responsabilité sur le lait payable par les éleveurs.	Candidature de l'Espagne et du Portugal. Abolition des derniers droits de douane entre la C E E et l'A E L E. La C E E interdit l'accès de la zone des 200 milles communautaires aux chalutiers soviétiques.
	Fin des négociations C E E-Japon : minces concessions japonaises. Accord passé avec l'Espagne pour limiter ses exportations d'acier vers la C E E. Échec des négociations des Neuf sur la zone des 200 milles en raison de l'opposition britannique.
Dévaluation de 5 % des Livre et Lire « vertes ». L'assemblée européenne repousse le budget de la Communauté pour 80, afin d'obtenir une révision de la P A C, s'opposant ainsi au Conseil des ministres des Neuf.	Accord entre la C E E et 57 pays d'Afrique, des Caraïbes, du Pacifique (A C P) sur le renouvellement de la convention de Lomé. Augmentation de l'aide financière des Neuf de 65 % en 5 ans.
Échec des négociations des ministres de l'agriculture sur « la guerre du mouton » franco-britannique et sur la réduction des dépenses de soutien de la production laitière.	

1 Naissance de l'Europe et nature du projet

L'idée d'Europe est une vieille idée qui a d'abord été liée à l'unité de la Chrétienté jusque vers le milieu du XVIIe siècle. Au XVIIIe siècle tous les « grands esprits » sont naturellement favorables à l'Europe et au XIXe les projets européens se multiplient de Saint-Simon à Mazzini (inspirateur du manifeste de Jeune Europe de 1834 signé par sept Italiens, sept Polonais et cinq Allemands) jusqu'à Victor Hugo qui prononce pour la première fois en 1851 l'expression célèbre d'« États-Unis d'Europe ». C'est la prise de conscience des horreurs de la guerre de 1914-1918 qui va relancer l'idée européenne, et en 1928, Aristide Briand (alors ministre français des Affaires étrangères) soumet à la Société des Nations un projet de Confédération Européenne. Il faudra qu'une deuxième guerre mondiale ravage l'Europe pour que l'urgence d'une construction européenne apparaisse enfin (Discours de Churchill en 1946, congrès de La Haye en 1948 où 800 délégués acclament le manifeste de D. de Rougemont en faveur d'une Europe Unie, d'une Charte des Droits de l'Homme, d'une Cour de Justice capable de la faire respecter, d'une Assemblée européenne représentative.)

Les premières mesures concrètes restèrent bien en deçà, mais la marche vers la Communauté Économique Européenne avait commencé. Une première institution européenne, le Conseil de l'Europe, est créée dès 1949, la C.E.C.A. est mise en place en 1951, et c'est seulement en 1957 que l'Europe devient pour six pays une « ardente obligation » (documents 1 et 2). L'Union Douanière et son extension à l'agriculture grâce à la mise en place de la P A C est la première pierre de l'édifice (document 3). Les raisons de faire l'Europe étaient multiples (document 4). La C E E de l'Union Douanière n'est-elle qu'un tremplin vers l'intégration mondiale (document 5) ? Quel est en dernier ressort la nature du projet : simple Union Douanière, Marché Commun, Union économique ou intégration totale (document 6) et quel est le pari de ses fondateurs (document 7) ?

1. Naissance de l'Europe

Géographiquement, l'Europe est un espace relativement bien défini, qui s'étend de l'Atlantique à l'Oural, du cap Nord à la Crète, divisé en trente-quatre États, dont deux (l'U R S S et la Turquie) s'étendent largement sur l'Asie, et où vingt-quatre langues principales sont parlées.

Politiquement, c'est une entité confuse. Ce n'est qu'après la Seconde Guerre mondiale, qui, comme la Première, eut son origine dans les conflits européens, que l'organisation pacifique de l'Europe prit corps. L'immensité du désastre imposa une certaine idée de l'Europe − pas identique chez tous − à des hommes aussi divers que de Gaulle (discours du 11 novembre 1942), Churchill (discours du 16 septembre 1946), J. Monnet, R. Schuman, A. de Gasperi, K. Adenauer. Les dangers de la guerre froide et l'offre d'une aide économique américaine subordonnée à une entraide européenne (plan Marshall, 5 juin 1947) incitèrent puissamment les Européens à passer des intentions aux actes. Ainsi naquirent l'Organisation Européenne de Coopération Économique (qui, en devenant l'Organisation de Coopération et de Développement Économique, O C D E, a perdu depuis son caractère européen) et le Conseil de l'Europe, organisations intergouvernementales classiques, à ceci près que la seconde comporte une Assemblée parlementaire consultative. L'initiative décisive fut prise par la France le 9 mai 1950, avec le lancement par Robert Schuman, ministre des Affaires étrangères inspiré par Jean Monnet, du « Pool charbon-acier ». L'objectif était multiple. Un an après la fin du blocus de Berlin, un mois avant la guerre de Corée, les Européens devaient à la fois faire face à une menace extérieure grave, relever leurs ruines et développer et moderniser leur appareil économique, car les techniques modernes exigent de vastes marchés. Enfin, nul ne croyait que les limitations de contrôle imposées à l'industrie allemande par les vainqueurs pourraient être maintenues indéfiniment.

Robert Schuman déclara notamment : L'Europe ne se fera pas d'un coup, ni dans une construction d'ensemble. Elle se fera par des réalisations concrètes créant des solidarités de fait. L'Allemagne fédérale, la Belgique, l'Italie, les Pays-Bas et le Luxembourg acceptent immédiatement et signent avec la France, le 18 avril 1951, le traité de Paris instituant la Communauté Européenne du Charbon et de l'Acier (C E C A) et mettant en place une structure commune que l'on retrouvera adaptée dans les autres communautés, un conseil des États, une commission indépendante (qui, dans le Traité de Paris, est appelée Haute Autorité), une Assemblée parlementaire, une Cour de justice.

Un traité instituant une Communauté Européenne de Défense (C E D), signé par les mêmes parties, s'inspirant du même schéma et destiné à encadrer le réarmement ouest-allemand, fut rejeté par l'Assemblée française (1954). L'Allemagne fédérale sera réarmée dans le cadre d'une autre organisation (U E O) moins contraignante et dont la Grande-Bretagne fera partie.

Après cet épisode, les Six reprennent le schéma communautaire à la conférence de Messine (1955) et signent le 25 mars 1957 deux traités qui entrent en vigueur le 1er janvier 1958. L'un institue une Communauté atomique européenne ou Euratom (l'intégration sur ce terrain quasi vierge était à tort supposée plus facile), et l'autre une Communauté Économique Européénne (C E E) ou Marché Commun. Ce dernier traité, couramment désigné comme le Traité de Rome, établit une union douanière (achevée en 1968) avec un tarif extérieur commun, devant conduire à une union économique et, comme dit la première phrase du préambule, à une union sans cesse plus étroite entre les peuples européens.

Les premières élections européennes. Dossiers et Documents du Monde, juin 1979.

2. Les institutions du traité de Rome

Il n'y a pas un mais deux traités de Rome, signés le 25 mars 1957 par l'Allemagne fédérale, la Belgique, la France, l'Italie, le Luxembourg et les Pays-Bas, déjà signataires en 1951 du traité de Paris créant la Communauté Européenne du Charbon et de l'Acier (CECA).

L'un des traités établit la Communauté Économique Européenne (ou Marché Commun), c'est celui que l'on désigne communément comme « le » traité de Rome ; l'autre crée la Communauté européenne de l'énergie atomique (ou Euratom).

• Le traité de la C E E comporte un préambule dont la première phrase déclare que les signataires sont « déterminés à établir les fondements d'une union sans cesse plus étroite entre les peuples européens », et deux cent quarante-huit articles.

Après une première partie définissant les principes régissant la Communauté, la seconde expose les modalités de la libre circulation des marchandises, le calendrier du désarmement douanier et de l'élimination des restrictions quantitatives, les buts de la politique agricole commune, les modalités de la libre circulation des personnes, des services et des capitaux, les objectifs d'une politique commune des transports.

La troisième partie, intitulée « La politique de la Communauté », expose les dispositions communes en matière de concurrence, de fiscalité, de rapprochement des législations, de conjoncture, de balance des paiements, de commerce, ainsi que les dispositions sociales, les fondements d'un Fonds social européen et d'une Banque européenne d'investissements.

La quatrième partie fixe les grandes lignes de l'association de la Communauté avec « les pays et territoires non européens entretenant des relations particulières » avec les États membres.

La cinquième partie établit les institutions :

1) L'Assemblée européenne, composée de « représentants des peuples des États », qui seront ultérieurement élus au suffrage direct[1].

2) Le Conseil, formé par les représentants des États membres. Il « dispose d'un pouvoir de décision ». « Sauf dispositions contraires », les décisions du Conseil sont prises à la majorité qualifiée, les voix étant affectées d'un indice de pondération.

3) La Commission, formée de membres indépendants nommés par le Conseil à l'unanimité. Elle « dispose d'un pouvoir de décision propre et participe à la formation des actes du Conseil ».

4) La Cour de justice. Elle assure « le respect du droit dans l'interprétation et l'application du traité ». La Cour est commune aux trois Communautés.

5) Un Conseil économique et social consultatif[2].

La sixième partie traite de dispositions générales et notamment de la mise en place des institutions.

Les premières élections européennes, Dossiers et Documents du Monde, juin 1979.

1. Élections au parlement européen au suffrage universel en juin 1979.
2. Il est composé de 144 représentants des différentes catégories de la vie économique et sociale : producteurs, agriculteurs, transporteurs, commerçants, professions libérales, consommateurs.

3. L'Union Douanière

● Les échanges internes

Les restrictions quantitatives les plus voyantes sont rapidement éliminées : suppression des contingentements (pratiquement totale en 1965), aménagement des monopoles nationaux à caractère commercial et même effacement des distorsions tenant à la fiscalité indirecte avec la généralisation de la TVA à partir de 1968. Parallèlement, les droits de douane sont supprimés en dix étapes : directement dans l'industrie : consécutivement aux accords de prix dans l'agriculture. Et, avec dix-huit mois d'avance sur la limite fixée pour la période transitoire par le traité de Rome, le libre-échange interne est quasiment général au 1er juillet 1968. Toutefois, des clauses de sauvegarde prévoient expressément qu'en cas de difficultés majeures, les États membres pourront temporairement isoler leurs marchés, pratiques qui réapparaîtront avec la période de crise des années 1974-1975.

● Les relations avec les tiers

Dans le même temps, une politique commerciale commune vis-à-vis des tiers est mise en œuvre. En premier lieu, les tarifs douaniers nationaux s'alignent en trois étapes (1961, 1963, 1968) sur le tarif douanier extérieur commun, calculé très simplement à l'origine comme la moyenne arithmétique de droits les plus élevés et les plus bas. On doit ainsi noter que pour les États membres qui appliquaient initialement les droits les plus forts (France, Italie) l'adhésion à la CEE a entraîné un désarmement tarifaire généralisé, y compris vis-à-vis des pays tiers ; alors que pour ceux qui étaient les plus ouverts (Allemagne, Benelux), il y a eu, au contraire, regain de protection. En fait, à peine instauré, le tarif commun devait être diminué en cinq ans (1968-1972) de 50 % sur la plupart des produits industriels, en application de l'accord du Kennedy Round signé le 16 mai 1967 dans le cadre du GATT avec les autres partenaires occidentaux.

● L'élargissement

La dynamique de l'Union Douanière s'est étendue à partir du 1er janvier 1973 aux trois nouveaux adhérents : Royaume-Uni, Irlande et Danemark, la Norvège ayant finalement fait défaut après l'échec du referendum sur la ratification de l'adhésion. Il est ainsi prévu qu'en cinq ans (31 décembre 1977) le libre-échange interne soit complet entre les Neuf, et la protection extérieure commune identique. Toutefois des aménagements ont été imaginés concernant d'une part les relations entre le Royaume-Uni et la Nouvelle-Zélande (produits laitiers), et d'autre part le reversement à la C E E des droits et prélèvements perçus par le Royaume-Uni, en vue de limiter sa contribution financière : condition réaffirmée au sommet de Dublin dans le cadre de la « renégociation » réclamée par le gouvernement britannique comme préalable à la confirmation de son adhésion par referendum en 1975.

● Un préalable à l'adhésion de la France : la politique agricole commune

La politique agricole était elle-même un préalable à l'extension de l'Union Douanière à l'agriculture. En effet, les prix agricoles ne sont pas seulement des prix de « marché », mais des prix « politiques » déterminés par les autorités nationales. Unifier les marchés agricoles dans le cadre de l'Union Douanière supposait donc au préalable un rapprochement des systèmes de garantie de prix.

Guillaume et Delfaut, *Nouvelle histoire économique* t. 2. Le XXe siècle, Collection U, A. Colin.

L'agriculture a pu donner lieu à une politique commune parce que l'un des États membres en avait fait de façon répétée et affirmée une des conditions de sa participation au Marché Commun général. En revanche, dans les autres domaines où l'intérêt économique et politique était moins massif et moins personnalisé et où aucun des gouvernements ne mettait donc tout son poids pour obtenir des progrès, les progrès étaient faibles, parfois presque nuls. L'Union Douanière et ses mécanismes proprement commerciaux ne débouchaient donc pas automatiquement sur la définition d'actions communes et une réelle intégration.

J.-F. Deniau, *L'Europe interdite*, 1977, Ed. du Seuil.

4. Pourquoi l'Europe ?

● Motif politique

Il faut d'abord arrimer l'Allemagne à l'Occident, non point seulement en la soumettant aux lois des vainqueurs, mais aussi et surtout en établissant entre elle et ses voisins occidentaux, et notamment la France, des liens organiques et irrévocables. Il faut aussi tirer les conséquences de l'apparition sur le devant de la scène des deux « supergrands » en faisant de ce phénomène une incitation à grouper les nations de l'Europe de l'Ouest en un ensemble cohérent et organisé. Il faut enfin s'inspirer des leçons de la période d'avant-guerre, marquée par les ravages de toutes sortes qu'avait engendrés la crise économique des années trente, et donc mettre au premier rang les problèmes économiques, rendus encore plus pressants par les ruines accumulées au cours des hostilités et par l'état de délabrement dans lequel elles avaient laissé l'Europe.

Telles étaient les idées-force à l'origine de l'unification de l'Europe, dont nul ne songerait d'ailleurs à contester le bien fondé, le mouvement auquel elles ont donné naissance a pris d'autant plus d'ampleur que les États-Unis lui ont apporté un appui sans réserve. A un moment où le relèvement de l'Europe dépendait largement de l'aide américaine, ce soutien était bien évidemment d'une grande portée.

J.-M. Boegner, *Le Marché Commun de Six à Neuf*, coll. U, A. Colin.

• Des raisons culturelles également

Nombre d'Européens estiment que l'héritage culturel européen a une valeur intrinsèque et que, sans s'opposer systématiquement à d'autres pays ou à d'autres continents, il serait bon de garder une spécificité européenne face à un certain risque de domination par des cultures extérieures, qu'elles viennent de l'Est ou de l'Ouest.

P. Maillet, *La construction européenne*, P U F.

• Raisons économiques

La production industrielle est caractérisée, dans un grand nombre de branches, par la réduction des coûts en fonction de l'augmentation de la production. Ces *phénomènes de rendement croissant* jouent aussi bien au niveau de la construction des unités de production qu'en ce qui concerne la longueur des séries de production.

Cette notion fondamentale d'économie d'échelle est à compléter par une *notion de seuil minimal* : non seulement le coût unitaire décroît lorsque la production augmente, mais, pour des raisons techniques ou financières, la dimension de l'usine ou de l'entreprise doit dépasser un certain seuil.

Pour bénéficier pleinement de ces économies d'échelle, il faut disposer d'un *marché suffisant*, non seulement pour que ce marché permette à l'entreprise d'atteindre sa capacité de production optimale, mais aussi pour qu'il puisse y avoir juxtaposition d'un certain nombre d'unités de production entre lesquelles jouera une certaine *concurrence*, précieuse pour assurer le dynamisme des entreprises et pour accélérer les phénomènes d'innovation.

P. Maillet, *La construction européenne*, P U F.

La « reconstruction » européenne ne pouvait se faire « à l'identique ». Il s'agit pour les firmes de profiter de leur reconstruction pour se situer d'emblée au niveau de la plus haute productivité. L'imitation des procédés techniques employés aux États-Unis passe pour la meilleure garantie dans ce domaine. Les Européens acquièrent très vite cette certitude que les techniques américaines et leur niveau de productivité sont liés à la dimension du marché sur lequel elles interviennent, que la capacité d'exporter qui leur est ainsi garantie vient encore renforcer de manière cumulative. Or, en comparaison, les marchés cloisonnés de l'Europe apparaissent d'autant plus petits que le pouvoir d'achat y est plus faible. La certitude se dégage très vite qu'il est nécessaire de « *construire l'Europe* » si l'industrie européenne veut acquérir une capacité concurrentielle à l'égard de l'industrie américaine.

G. Destanne de Bernis, *Précis des Relations économiques internationales*, tome I, Les échanges internationaux, © by Jurisprudence Générale Dalloz.

5. L'Europe, tremplin vers l'intégration mondiale ?

Le document préparatoire qui a constitué, pour ainsi dire, la base idéologique des traités, est plus révélateur que les traités eux-mêmes. Dans ce document intitulé « *Rapports des chefs de délégation* », il apparaît clairement qu'une profonde transformation des forces de production est devenue nécessaire : « Dans un marché élargi, il est impossible de maintenir des systèmes de gestion vieillis, qui produisent parallèlement des prix élevés et de bas salaires. Quant aux entreprises, elles ne peuvent choisir des positions d'immobilisme ; elles sont au contraire, constamment poussées à développer leurs investissements pour augmenter la production, améliorer la qualité et moderniser la gestion : elles sont contraintes à progresser si elles veulent continuer à vivre ». Dans cette optique, la meilleure solution serait évidemment celle d'un marché unique au niveau mondial. Cependant, cette solution est momentanément écartée, car on reconnaît que « les avantages d'un marché commun ne peuvent être obtenus que si l'on accorde des marges de protection, et si l'on emploie des moyens collectifs suffisants pour rendre possibles les adaptations nécessaires... C'est la raison fondamentale pour laquelle, même si, en théorie, une libéralisation du commerce au niveau mondial peut apparaître souhaitable, un véritable marché commun ne peut être réellement réalisé que par un groupe limité d'États, que l'on espère le plus vaste possible... ». Par conséquent, le choix de la forme « régionale » témoigne en quelque sorte de la nécessité de renoncer − provisoirement toutefois − à une libéralisation au niveau mondial.

Silvio Leonardi, *L'Europe et le mouvement socialiste,* Ed. Fédérop.

6. Zone de libre-échange, Union Douanière, intégration économique, ...

« Considérée comme un processus, l'intégration est un ensemble de mesures destinées à supprimer les discriminations entre unités économiques appartenant à différents pays ; considérée comme une situation, l'intégration désigne l'absence de toute forme de discrimination entre économies nationales. » (B. Balassa cité par G. de Bernis)

B. Balassa distingue cinq degrés qu'il classe par ordre d'*intensité* croissante, chacun des degrés retenus étant constitué du degré précédent auquel s'ajoute un élément nouveau :

- La *zone de libre échange* : les pays qui la constituent décident d'*abolir* (progressivement) *les droits de douane et les restrictions quantitatives* à la libre circulation des *produits* originaires de la zone tout en demeurant entièrement *libres de leur politique* (tarifaire ou quantitative) *à l'égard des tiers.* Un exemple en est fourni par l'Association Européenne de Libre Échange (A E L E).

- L'*union douanière* : les pays qui la constituent décident d'*abolir* (progressivement) *les droits de douane et restrictions quantitatives* à la circulation des produits originaires de leur zone et de substituer (progressivement aussi) à leurs politiques individuelles à l'égard des tiers *une politique commune, un Tarif Extérieur Commun.* La plupart des tarifs douaniers étant aujourd'hui négociés, cela implique une négociation avec l'extérieur menée par l'union elle-même. L'instabilité d'un tel système (une union douanière qui soit à la fois complète et limitée à cela) est probablement révélée par le fait que, malgré les dénominations de certaines organisations (l'Union Douanière des États d'Afrique Centrale, U D E A C, par exemple), il n'y a pas d'exemple véritable d'une union douanière réelle qui ne soit que cela. Le *Zollverein* en demeure le grand exemple de référence.

- Le *marché commun* est une union douanière dans laquelle les pays membres décident aussi d'assurer *la libre circulation et le libre établissement des personnes et des capitaux.* Même si la Communauté Économique Européenne voulait se caractériser par un degré d'intégration plus intense, elle est l'exemple qui se rapproche le plus de ce que l'on peut définir par « marché commun » (même, si, par certains aspects, elle reste en deçà, et, par d'autres, va au-delà).

- *L'union économique* ajoute aux caractéristiques du marché commun l'*harmonisation des politiques économiques nationales.* Dans son projet initial et dans certaines de ses tendances encore aujourd'hui, la C E E se voulait une union économique et non un marché commun. Le *Benelux* s'en rapproche davantage.

- *L'intégration économique totale* implique l'unification des politiques monétaires, fiscales, sociales et anticycliques, ce qui ne peut se faire sans l'instauration d'une véritable autorité supranationale.

Une distinction essentielle est introduite entre la zone de libre échange et l'union douanière d'une part, les trois autres degrés de Balassa d'autre part. En passant de l'un à l'autre de ces deux ensembles, la nation cesse d'être un lieu d'immobilité des facteurs et la question du « pouvoir », pouvoir des États-membres ou pouvoir d'une autorité commune, ne peut pas ne pas se poser. C'est au contraire sur cette question même que repose la distinction entre le « marché commun », l'« union économique » et l'« intégration économique ».

La C E E se veut une union économique sur la base d'un marché commun. Le Traité de Rome a prévu en détail les conditions de la *réalisation du marché,* mais il s'est contenté d'indications beaucoup plus générales sur les *politiques communes* (à l'exception de la politique agricole).

G. Destanne de Bernis, *Précis des Relations économiques internationales,* tome I, © by Jurisprudence Générale Dalloz.

7. Le pari de Jean Monnet

C'est d'abord que la solidarité politique découlera dans un mouvement naturel et presque inéluctable de l'interpénétration des intérêts matériels et, pour commencer, commerciaux. C'est ensuite que des institutions originales, indépendantes des gouvernements et des administrations nationales, contribueront de façon déterminante à créer un esprit européen, des réflexes européens, une responsabilité européenne. C'est aussi que tous les progrès serviront à faire de nouveaux progrès, mais les crises elles-mêmes peuvent être également bénéfiques dans la mesure où elles sont des défis.

J.-F. Deniau, *L'Europe interdite,* 1977, Ed. du Seuil.

2 | L'Europe comme marché industriel

L'Union Douanière a sans conteste été le levier des échanges intra-communautaires, qui ont progressé plus vite que les échanges extra-communautaires. La loi du plus fort a opéré un tri ; ce mouvement ne s'est pas opéré au même rythme suivant les branches et suivant les pays (documents 1 et 2). Cette dynamique n'a pas été une entrave au développement des échanges commerciaux extra-communautaires. L'Europe est désormais une plaque tournante des échanges mondiaux et ne saurait être accusée de détournement de trafic (documents 3 et 4).

Toutefois le développement des échanges n'est pas à lui seul un critère pertinent d'intégration économique et l'on peut se demander s'il a au moins permis une efficacité économique meilleure (document 5). Certes une spécialisation est apparue mais celle-ci est-elle neutre ? L'Union Douanière a été un filtre : seuls les plus compétitifs peuvent tenir la barre. La division du travail qui s'est dessinée au sein de la C E E n'est-elle pas porteuse d'une hiérarchisation des systèmes productifs (document 6) ? Enfin ce marché unique est loin d'être réalisé en totalité ; ainsi les marchés publics restent cloisonnés (document 7) et d'étonnantes disparités de prix subsistent dont le consommateur fait les frais (document 8).

Les pays-membres, avec le Tarif Extérieur Commun (T E C), s'étaient dotés d'une arme, mais ont-ils eu la volonté de s'en servir ? Le manque de fermeté de l'Europe lors des grandes négociations commerciales (Kennedy-Round, Nixon-Round, Tokyo-Round) permet d'en douter ; au fil du temps le T E C s'est effrité (document 9)[1].

---

1. Voir aussi « l'Europe de la divergence » (chapitre 4 - tome 2).

1. Le désarmement douanier : un levier pour le développement des échanges

**Le commerce extérieur en 1977
(en milliards de francs)**

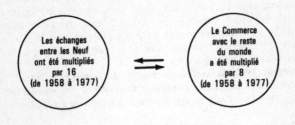

Les échanges entre les Neuf ont été multipliés par 16 (de 1958 à 1977)

Le Commerce avec le reste du monde a été multiplié par 8 (de 1958 à 1977)

Le Monde, 7 mai 1979

**Part des échanges intra-communautaires
dans le commerce extérieur des États membres** (%)

	Importations			Exportations		
	1958	1973	1980	1958	1973	1980
RFA...................	33,6	52,2	47	34,5	47,1	48
France	26,1	55,4	46	28	56,1	50,9
Italie..................	29	48,9	43,8	31,3	50,1	47,5
Royaume-Uni..........	20,2	32,8	38,4	19,8	32,3	43,3
U.E.B.L.	54,6	70,7	63	52,8	73,1	71,4
Pays-Bas..............	50	61	53,3	56,5	72,5	74,5
Irlande................	68	71,7	74,4	81,5	76,1	74,5
Danemark.............	59	45,8	49	57,9	45,6	50
CEE à 9	33,1	51,7	47,7	34,3	52,7	52,8

30 jours d'Europe. Fiches pédagogiques, février 1982.

2. Le développement du commerce intra-communautaire

Certes, ce commerce entre les Six augmentait déjà un peu plus vite que le commerce avec le reste du monde au cours de la période antérieure au Marché Commun.

Il reste néanmoins indéniable que l'ouverture des frontières a donné un très net coup de fouet aux échanges entre les partenaires du Marché Commun. Mais ce coup de fouet ne s'est manifesté que progressivement [...]. Il semble donc qu'il ait fallu atteindre un certain niveau de désarmement douanier ainsi que l'élimination de tous les contingentements (et probablement aussi la mise en place de réseaux commerciaux) pour que les échanges intra prennent leur véritable essor.

Depuis 1967, la croissance rapide du commerce intra s'est poursuivie d'une façon continue, mais elle a été accompagnée parallèlement d'une reprise sensible des échanges avec les pays tiers.

Le taux d'accroissement annuel des échanges intra-communautaires est *très différent d'une branche à l'autre* ; il varie en effet entre 7 et 22 %. D'ailleurs les branches situées en tête du classement ne sont pas nécessairement celles où la demande intérieure de la Communauté s'est le plus accrue : par exemple, les croissances élevées de l'habillement et des meubles traduisent essentiellement une variété accrue de produits offerts aux consommateurs.

P. Maillet, *La construction européenne*, P U F.

Le tassement observé depuis 1973 est en grande partie dû au gonflement de la facture pétrolière mais signifie peut-être aussi que la dynamique de division du travail entre pays européens, active durant les années soixante, commence à épuiser ses effets.

Il semble que le mouvement d'intégration économique se soit ensuite étendu aux autres pays d'Europe occidentale, comme le montre la part croissante à partir de 1970 des importations en provenance de cette zone (le phénomène est beaucoup plus net pour les seuls produits manufacturés.

Économie Prospective Internationale, 1979.

3. Échanges extra-communautaires : la C E E, plaque tournante des échanges mondiaux

Les échanges par régions

(en 1978 : relations principal fournisseur-principal client)

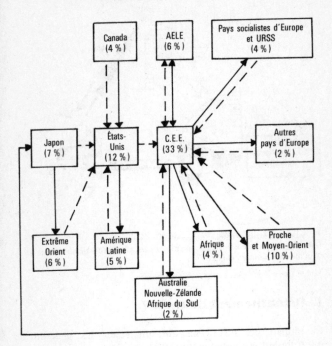

A → B signifie que A est le principal fournisseur de B (par exemple, le Japon est le principal fournisseur de l'Extrême-Orient).

C → D signifie que C a D pour principal client (par exemple, les États-Unis ont la CEE comme principal débouché).

Nous n'incluons pas dans l'analyse les pays socialistes d'Asie (Chine, Corée du Nord, etc.), qui représentent moins de 1 % des échanges internationaux.

Les chiffres entre parenthèses correspondent à la part de la région considérée dans les exportations mondiales en 1978.

On remarque la bipolarisation des échanges internationaux autour de la C E E et des États-Unis et le rôle de plaque tournante des échanges joué par la C E E qui est souvent le principal client et le principal fournisseur des autres régions.

M. Godet, O. Ruyssen, *Les échanges internationaux*, P U F, Paris, 1978.

Les trois pôles des échanges internationaux en 1976

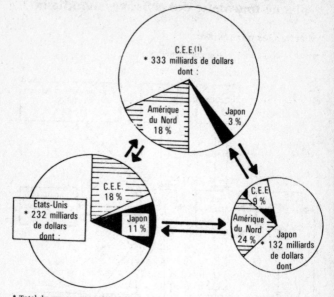

* Total du commerce extérieur : importations et exportations.
(1) Échanges intra-communautaires non compris (les échanges des Neuf entre eux ont été d'un montant sensiblement égal).

Le Commerce international en 1976, G A T T, Genève.

4. Détournement de trafic ?

La plupart des théoriciens qui ont étudié les phénomènes d'intégration économique ont attiré l'attention sur les effets de détournement du commerce international qui les accompagnent. Les pays signataires du Traité de Rome auraient ainsi, en créant un espace économique nouveau, opéré à leur profit une redistribution des échanges internationaux, en renforçant la position des pays membres vis-à-vis de l'extérieur. L'instauration du tarif extérieur commun devrait permettre le développement des relations économiques entre pays-membres au détriment des firmes des pays tiers, mais apporter également un encouragement à l'investissement direct de ces pays, seul moyen de pallier les conséquences défavorables pour eux de l'intégration économique.

Notes et études documentaires n° 3770 (1971), La Documentation française.

Dans l'ensemble, les auteurs admettent que les effets de création de trafic engendrés par la C E E sont nettement supérieurs aux effets de détournement. Bien entendu, ces résultats doivent être affinés à l'égard des différents groupes de pays tiers, du fait qu'ils ne vendent pas les mêmes produits et que la C E E n'a naturellement pas un même comportement à l'égard de tous les produits.

... Au total, ces études convergent pour affirmer, de manière générale, que l'instauration de la C E E n'a pas seulement accru le bien être de ses membres, mais celui du monde entier.

Ces effets sont encore bien plus importants si l'on passe à une analyse plus dynamique.

G. Destanne de Bernis, *Précis des Relations économiques internationales*, tome I, © by Jurisprudence Générale Dalloz.

5. Efficacité économique accrue ?

Le commerce international n'est pas un but en soi, mais seulement un moyen pour atteindre un certain nombre d'objectifs, notamment l'accroissement de l'efficacité de la production et l'élargissement de la variété des produits offerts aux consommateurs.

Ce n'est que dans la mesure où le développement des échanges permet d'atteindre ces objectifs qu'il peut être considéré comme intéressant. Il en va ainsi notamment lorsque l'intensification des échanges est le résultat d'une spécialisation plus poussée des producteurs.

Par contre, certains échanges sont facilités par l'exploitation de positions dominantes de la part de certains producteurs, ou résultent de conquêtes agressives (souvent temporaires), de marchés extérieurs par la pratique de prix anormalement bas, pouvant aller jusqu'au dumping. Enfin, l'ouverture des frontières peut susciter des courants de marchandises du seul fait d'une mauvaise information sur les prix et qualités comparés des produits des divers fournisseurs possibles. Dans tous ces cas, l'augmentation des échanges ne reflète pas un accroissement d'efficacité.

On voit ainsi que le volume du commerce intra-communautaire ne peut être pris, à lui seul, comme un indicateur satisfaisant du succès du Marché Commun, et ce n'est qu'en recherchant à quoi correspond cette augmentation du commerce extérieur qu'on est en mesure d'en évaluer l'intérêt pour la Communauté.

P. Maillet, *La construction européenne*, P U F.

6. De la spécialisation à la hiérarchisation

En ce qui concerne la division du travail au sein de la C E E, elle est particulièrement nette. Ainsi en ce qui concerne les appareils électroménagers, la production allemande de réfrigérateurs couvrait 97 % de la demande nationale en 1960 et 67 % en 1970. Même phénomène pour la France : 98 % en 1960 et 47 % en 1970. En revanche, la production italienne, dans le même temps, est passée de 500 000 unités à 5 247 000 (soit environ 4 fois la demande nationale). Pour les machines à laver, la France qui importait 0,4 % de sa consommation en 1960, en importait 19,8 % en 1970, et l'Italie en produisait 3 fois plus que la France. Ainsi, pour tout ce qui est demi-produits et biens de consommation, une spécialisation s'est progressivement instaurée entre les pays membres. Actuellement en France, une seule entreprise (Thomson-Brandt) continue à produire des compresseurs de réfrigérateurs. En Allemagne, Siemens et Bosch ont dû se regrouper, tandis qu'au Benelux, la production nationale a disparu. De même, en ce qui concerne la chimie : la quasi-totalité des fibres synthétiques font désormais l'objet d'une forte spécialisation. Pour les industries agro-alimentaires, l'Allemagne a su se montrer plus performante, de même que dans le domaine des machines-outils à commande numérique et des machines à imprimer (en concurrence toutefois, pour ce dernier poste, avec la Grande-Bretagne).

Cette division internationale du travail peut être mesurée à l'aide de ce qu'on appelle les *coefficients de prépondérance*. Il s'agit d'un coefficient rapportant la part du pays (ex. : la France) dans les exportations de la C E E pour un produit (ex. : les tissus de coton) à la place de ce même pays dans l'ensemble des exportations de la C E E. Ainsi – exemple théorique – si le coefficient de prépondérance de la France pour les tissus de coton est de 2, cela signifie que la part de la France dans les exportations globales de tissus de coton est deux fois plus élevée que sa part dans l'ensemble des exportations (tous produits confondus) de la C E E. Au-delà de 1,5 le coefficient de prépondérance indique une spécialisation incontestable, et au-delà de 2 une forte spécialisation. Or, selon P. Maillet : « Le calcul du coefficient de prépondérance *à un niveau très détaillé* de produits fait apparaître une grande hétérogénéité des résultats et la *persistance de phénomènes de spécialisation très marqués*. Il est frappant de constater que pour presque chaque article il y a un ou deux pays fortement spécialisés avec une place très faible des autres dans les échanges intracommunautaires. » Et l'auteur de citer le groupe des machines non électriques, composé de 41 produits : un coefficient de prépondérance supérieur à 2 est observé 5 fois en France, 10 fois en Allemagne, 11 fois en Italie et 1 fois en Belgique. Sur 41 produits, on peut donc en déduire que 27 (soit les 2/3) font l'objet d'une forte spécialisation.

Toujours à propos du même exemple, on constate que l'Allemagne a un coefficient de prépondérance supérieur à 1,5 pour 24 des 41 produits, alors qu'en France, seuls 6 produits sont dans ce cas (et 18 en Italie). Il est clair, que dans ce cas, la division internationale du travail a bénéficié pour l'essentiel à l'Allemagne (et pour une plus faible part à l'Italie), alors que la France n'en recueillait que les miettes.

D. Clerc, *Critique Socialiste*, n° 34, mars 1979.

Une *hiérarchisation* des systèmes productifs nationaux apparaît dès que la cohérence sectorielle (articulation de la production des biens d'équipement nécessaire à la reproduction élargie) d'un pays ne peut être assurée indépendamment d'achats de produits-clés à un autre pays.

D'une part, l'équilibre des échanges au sein d'une même classe de produits n'est pas du tout synonyme d'une égalité des partenaires considérés. H. Hesse prend l'exemple des échanges franco-allemands de « moteurs et alternateurs » : ils sont à peu près équilibrés (en valeur) mais l'Allemagne a tendance à exporter les produits les plus complexes alors que la France a tendance à exporter ceux qui le sont le moins. L'équilibre (en valeur) marque une inégalité du niveau qualitatif des appareils productifs.

De manière plus générale, l'industrie mécanique française est exportatrice mais elle exporte des biens destinés à un usager vers l'aval alors que la France importe en grande partie les biens de production destinés à fabriquer des biens de production.

G. Destanne de Bernis, *Précis des Relations économiques internationales*, tome I, © by Jurisprudence Générale Dalloz.

7. Les marchés publics restent cloisonnés

En ce qui concerne les *marchés publics*, le Traité prévoyait qu'à l'expiration de la période de transition toute pratique discriminatoire devenait illégale. Or, la situation était encore loin de celle prévue par le Traité : si, pour les marchés classiques de fournitures courantes, des progrès importants sont attendus dans des délais assez brefs, par contre, pour les biens d'équipement et les produits dits de technologie avancée, les échanges intra-communautaires restent encore le plus souvent faibles, voire même insignifiants comme dans le cas des centrales électriques ou des équipements de télécommunications.

P. Maillet, *La construction européenne*, P U F.

8. Le consommateur est-il gagnant ?

● Les surprises du consommateur : l'enquête de la G F K

M. Dupont de Strasbourg s'explique mal que le même aspirateur lui coûte presque deux fois plus cher à l'achat qu'à M. Meyer, qui vit dans la ville frontalière allemande de Kehl à peine distante de 100 m – et cela sous le signe du Marché Commun. En effet, les disparités de prix pour un même produit restent encore très fortes entre les différents pays de la C E E. [...]

On[1] relève des écarts notables d'un pays à l'autre entre les prix de vente pratiqués par les fabricants. Ces disparités de prix sont même, dans certains cas, beaucoup plus importantes que les différences entre les prix payés par le consommateur final. C'est ainsi, par exemple, qu'en 1968 les prix pratiqués par les producteurs d'appareils de photo sélectionnés variaient de 40 % (hors taxe), alors que l'on constatait des différences de 24 % seulement entre le pays le plus cher et le pays le moins cher pour les prix de vente effectifs au consommateur final, T V A incluse. Les grossistes du pays le meilleur marché paient le cognac 67 % moins cher que ceux du pays de la C E E le plus cher, alors que les prix payés par le consommateur final pour cette fameuse boisson française ne varient que de 46 %. Dans le cas des moulins à café et des films couleurs inversibles également, les disparités de prix au niveau du producteur sont plus fortes qu'à celui du consommateur final. Par contre, les prix payés par le consommateur final pour les machines à laver, appareils de radio et enregistreurs accusent de plus fortes variations que les prix d'achat du commerce de gros.

L'enquête permet de conclure que les producteurs suivent une politique d'offre spécifique pour chaque pays membre de la C E E et adaptent leur système de formation des prix aux conditions de marché et de concurrence propres à chaque pays.

Commission des Communautés européennes, Direction générale de la presse et de l'information, note de juin 1972. Repris dans *Problèmes économiques* n° 1297, 22 nov. 72.

1. Enquête réalisée en 1968 à la demande de la Commission des Communautés européennes.

• Les « petits malins » du Marché Commun

Il se passe d'étranges choses dans les arrière-boutiques du Marché Commun. La libre circulation des marchandises au sein de la Communauté a donné des idées à d'habiles commerçants. « Certains ont découvert que si les barrières douanières avaient bien disparu entre les Neuf, les fabricants, eux, continuaient à vendre leurs produits à des prix différents d'un pays à l'autre.

Résultat : des petits malins achètent massivement là où les prix sont bas et revendent là où les prix sont hauts, au risque de déséquilibrer les marchés nationaux. De véritables marchés parallèles tendent ainsi à se mettre en place. »

Le mécanisme est simple. Prenons, par exemple, le cas d'un fabricant de pneumatiques qui vend directement en France 70 % de sa production et exporte le reste dans les autres pays de la Communauté. Hors de France, il est confronté à une concurrence beaucoup plus dure que sur le marché interne. Il sera donc tenté de réduire ses prix pour maintenir ou élargir ses parts de marché. Tentation d'autant plus forte que l'industriel bénéficiera dans certains pays de la Communauté d'une imposition de T V A inférieure à celle qui se pratique en France.

C'est alors qu'intervient le spécialiste du marché parallèle, toujours bien informé des particularités de chacun des marchés nationaux de l'Europe des Neuf. Il va s'ingénier à acheter de grosses quantités de pneumatiques là où ils sont à bas prix, puis il les ramènera en France, où la revente lui assurera de substantiels revenus.

Depuis l'abaissement des barrières douanières au sein de la C E E plus rien ne s'oppose à ce qu'une voiture anglaise montée en Belgique soit vendue moins cher à Luxembourg qu'à Londres ou à Bruxelles. Des phares de voitures sortis d'une même usine peuvent ainsi devenir des produits qui se concurrencent pour peu qu'ils aient suivi des cheminements différents au sein de la Communauté.

L'électroménager aussi est un domaine d'élection pour les amateurs de « marché parallèle ».

Un bureau, un téléphone et un télex suffisent pour organiser les « voyages » intra-communautaires de pneus Michelin, de pellicules Kodak ou d'appareils Camping-Gaz. Les automobiles se promènent, elles aussi, beaucoup.

Le Nouvel Economiste, n° 178, 9 avril 1979.

9. A quoi sert le Tarif Extérieur Commun ?

La Communauté aurait dû, pour se renforcer, pratiquer vis-à-vis de l'extérieur, une politique « à l'américaine », c'est-à-dire, pour une certaine période au moins, relativement protectionniste. C'était le seul moyen d'accroître le potentiel industriel, d'harmoniser les possibilités des différents États membres, d'imbriquer leurs économies de manière à les rendre indissociables, afin de pouvoir par la suite, et par la suite seulement, à l'issue d'une longue période de transition, s'ouvrir sans risque sur le monde. C'est ce que les États-Unis ont fait depuis deux siècles, avec l'éclatant succès que l'on sait. Alors que la Communauté ne dispose pas d'une politique commerciale uniforme vis-à-vis de l'extérieur, elle s'ouvre aux importations de la planète entière, hier et aujourd'hui à celles des pays en voie de développement, demain sans doute à celles des États-Unis.

Dans un contexte international où tous les coups sont permis, où la plupart des cartes sont biseautées, des pratiques de dumping aux aides étatiques, de l'inégalité dans l'accès aux matières premières aux prohibitions quantitatives et tarifaires dans les pays en voie de développement, du calcul de la valeur en douane aux entraves techniques aux échanges aux États-Unis et au Japon, et à la manipulation des prix dans les pays à commerce d'État, la C E E est pratiquement la seule, non pas seulement à affirmer sa foi dans la liberté des échanges internationaux mais à la pratiquer.

Les barrières douanières ont été largement démantelées dans les négociations commerciales multilatérales, Kennedy-round et Tokyo-round, souvent sans aucune contrepartie, ou avec des contreparties insuffisantes de la part des pays partenaires.

Le Monde, 25 avril 1980.

L'Allemagne n'accepta un certain relèvement de ses droits que dans la mesure où tous seraient disposés à annoncer notre disposition à abaisser le niveau du futur tarif commun (autrement dit, les droits allemands ne remonteraient pratiquement pas). Quand nous disions qu'il valait mieux, ne serait-ce que pour des motifs de négociation évidents, partir d'un tarif sérieux et obtenir des concessions en contrepartie de la part des autres pays du monde, le ministre de l'Économie et des Finances de la République fédérale, [...] nous rétorquait que le protectionnisme était un mal en soi, et une baisse de tarifs douaniers un bien en soi, même sans contrepartie négociée...

J.-F. Deniau, *L'Europe interdite,* 1977, Ed. du Seuil.

36

Cette tendance libre-échangiste s'est renforcée avec l'élargissement de la Communauté, notamment parce que l'adhésion à la C E E de deux membres de l'Association Européenne de Libre-Échange (A E L E, ou E F T A), le Royaume-Uni et le Danemark, a conduit à la conclusion d'un accord de libre-échange entre la Communauté et les autres pays de l'A E L E (Autriche, Finlande, Islande, Norvège, Portugal, Suède et Suisse). La modicité de la protection tarifaire de la C E E par rapport à ses grands partenaires occidentaux apparaît dans le tableau ci-dessous :

**Moyenne des droits de douane applicables
(en pourcentage)**

	Produits de base	Produits semi-finis	Produits finis	Ensemble des produits industriels
C E E (les Neuf)	0,7	7,1	9,2	7,0
U S A................	3,8	9,1	8,2	7,5
Japon	6,0	9,6	11,5	9,8

Source : *Basic Documentation for the Tariff Study*, G A T T, 1974, L'Européen n° 184, mai 1979.

Un tarif extérieur commun ; c'est une arme qui n'a d'efficacité qu'à l'encontre de ceux qui veulent exporter des marchandises vers l'Europe ; elle n'a au contraire aucun effet sur les techniques qui consistent à contrôler financièrement une entreprise ou tout un secteur d'activité et à les intégrer dans un ensemble juridique, économique, financier dont les intérêts ne sont que partiellement en Europe et où les décisions sont prises en fonction de l'intérêt de tout le groupe. Ce qui signifie que le tarif extérieur commun donne une protection relative contre les formes les plus anciennes, les moins élaborées et finalement les plus faibles, de la concurrence étrangère : il est sans effet contre les nouveaux modes d'action des firmes multinationales.

Les mécanismes prévus pour assurer une chasse gardée aux entreprises européennes ont eu à peu près autant d'efficacité qu'un filet à larges mailles pour aveugler une fuite d'eau : dans les formes actuelles du capitalisme, les exportations de marchandises ne jouent plus qu'un rôle secondaire pour la conquête d'un marché. A quoi sert un tarif extérieur commun face au contrôle de l'entreprise par la participation au capital ?

M. Rocard, *Le Marché Commun contre l'Europe*, Ed. du Seuil.

3 La politique agricole commune (P A C)

La politique agricole commune est périodiquement au banc des accusés et pourtant dans ce domaine, l'Europe, de projet est devenue réalité. C'est parce que l'Europe agricole a le mérite d'exister qu'elle est traversée par des conflits.

Alors la question se pose : pourquoi une politique européenne pour l'agriculture et non pour l'industrie ? Est-ce uniquement la pression politique de la France qui a imposé cette politique ? Il faut souligner que la production et l'échange dans ce domaine n'ont jamais été librement soumis aux lois du marché. Selon des modalités diverses toutes les agricultures étaient protégées. Sans politique agricole il était donc impossible d'instaurer la liberté des échanges agricoles.

Si la limitation de l'Union Douanière aux produits industriels était concevable pour la R F A et l'Italie qui auraient continué à s'approvisionner sur le marché mondial, ceci était inacceptable pour la France (et pour les Pays-Bas). Le Marché Commun, très hasardeux pour la France sur le plan industriel, lui apparaissait comme une occasion exceptionnelle de confirmer sa vocation agricole (document 1). Mais quelle politique ? L'article 38 du Traité en définit les grands axes : dans une première phase l'Europe agricole doit, pour favoriser son éclosion, se mettre en couveuse, c'est-à-dire se protéger de l'extérieur ; le T E C sera complété d'un système de prélèvements et de restitutions. Ces dispositions permettront d'assurer la « préférence communautaire » tant décriée par les Britanniques et de donner les moyens financiers nécessaires à la prise en charge communautaire du soutien à l'agriculture (documents 2 et 3). De plus, le marché européen est en gestation, il faut l'organiser. La fixation de prix uniques pour toute la Communauté (document 4) sera la matrice d'un véritable marché en même temps qu'une entorse à la « loi du marché », entorse qui se justifie dans un premier temps car les agricultures sont à des âges différents. « Laisser-faire, laisser-passer » serait socialement désastreux pour nombre des exploitations ; il faut leur laisser le temps et leur donner les moyens d'acquérir la nouvelle rationalité économique. Toutefois la protection mise en place reste très inégale selon les produits (document 5).

Le Marché Commun est ainsi devenu réalité dès le milieu des années soixante. Le bilan au début des années 80 est contrasté. Si la P A C a permis le développement de l'agriculture (documents 6 et 7) et une certaine spécialisation d'ailleurs limitée (document 8), des effets pervers se sont manifestés qui peuvent remettre en cause le choix des moyens, en particulier le système des prix. En effet, malgré la progression du degré d'auto-approvisionnement de la C E E en produits vitaux, des dépendances inquiétantes se sont accentuées que ne compensent pas des excédents qui demeurent invendables (documents 9, 10, 11).

Des prix trop élevés, mais également les lacunes de la préférence communautaire peuvent être rendus responsables de ces déséquilibres (document 12).

L'intérêt collectif n'a pas toujours eu la priorité. Les consommateurs lésés par des prix trop élevés (document 13), les petits producteurs insuffisamment soutenus tandis que les gros bénéficient de confortables rentes de situation (document 14) sont les premiers accusateurs.

Sur le plan communautaire le fonctionnement de la P A C induit des transferts entre les États-membres tels qu'ils menacent la solidité politique de la construction européenne (documents 15 et 16). Enfin, la mise en place des montants compensatoires monétaires (M C M) remet en cause les fondements mêmes du Marché Commun agricole (l'unicité des prix) et favorise injustement les pays à monnaie forte (document 17). Ainsi apparaissent les résultats paradoxaux de la P A C : une allocation non rationnelle des ressources (avec les M C M), et du point de vue français, le triste constat que la P A C a davantage profité aux autres (document 18).

La P A C sert-elle encore l'agriculture européenne ? Ne faut-il pas renégocier la P A C (document 19) ?

A. QU'EST-CE QUE LA POLITIQUE AGRICOLE COMMUNE ?

1. Pourquoi une politique agricole commune ?

• Le pacte sacré entre la France et l'Allemagne

L'Union Douanière elle-même appelle, pour sa réalisation, des progrès en d'autres domaines, le premier devant être l'agriculture. C'est le pacte sacré entre l'Allemagne et la France, l'autre fondement du traité. Pas de suppression des barrières aux échanges de produits industriels – suppression dont chacun pense qu'elle doit surtout profiter à l'Allemagne – sans des possibilités accrues d'exportations agricoles, où la France croit avoir ses meilleures chances.

Plus que la protection à la frontière, c'est souvent l'organisation interne qui compte. Pas question de la supprimer : l'agriculture a ses lois et ses difficultés qui ne sont pas toujours celles de l'économie générale. Une seule solution donc : créer à l'échelon européen un ensemble de dispositions valables pour les six pays.

Tout va reposer sur la notion de prix unique européen. La responsabilité financière commune (le F E O G A), la protection identique à la frontière (les prélèvements) sont des conséquences directes de ce principe du prix unique, à fixer pour chaque produit par les institutions de Bruxelles.

J.-F. Deniau, *L'Europe interdite*, Ed. du Seuil.

• Le poids du passé

On doit aussi souligner le fait que l'agriculture de l'Europe occidentale et continentale a connu une longue histoire de protectionnisme vigilant et d'interventionnisme gouvernemental. En conséquence, les agriculteurs de ces régions n'ont presque jamais eu à faire face à la concurrence, et encore moins à la concurrence étrangère, et n'ont donc jamais été soumis aux lois du marché.

Cairncross, Giersch, Lamfalussy, Petrilli, Uri, *Stratégie pour l'Europe*, P U F.

• 8 500 000 paysans européens, des agricultures différentes

	Taux de population agricole active	Pourcentage par rapport à la population agricole active européenne	Taille moyenne des exploitations (hectares)
Irlande	24	2,8	20,5
Italie	15	34,6	7,5
France................	10	26,7	25
Danemark	9	2,6	23,1
R F A.................	7	20	13,7
Pays-Bas	6,5	3,4	14,7
Belgique-Luxembourg...	3,6	1,5	14,2
Royaume-Uni	3	7,7	64,7

Statistiques agricoles. *Le Matin,* 22 mars 1979.

2. Les objectifs de la P A C

Ils sont décrits par l'article 39 du Traité de Rome :
a) accroître la productivité de l'agriculture en développant le progrès technique, en assurant le développement rationnel de la production agricole ainsi qu'un emploi optimum des facteurs de production, notamment de la main-d'œuvre.
b) assurer ainsi un niveau de vie équitable à la population agricole, notamment par le relèvement du revenu individuel de ceux qui travaillent dans l'agriculture ;
c) stabiliser les marchés ;
d) garantir la sécurité des approvisionnements ;
e) assurer des prix raisonnables dans les livraisons aux consommateurs.

Les dossiers de la Politique Agricole Commune, Commission des Communautés n° 46, juillet 1976.

3. Les principes de la P A C

L'organisation commune des marchés constitue actuellement l'essentiel de la politique agricole commune.
[...] Les règlements d'organisation des marchés agricoles instituent :
– la préférence communautaire : pour assurer cette préférence, c'est-à-dire pour que les produits d'origine communautaire

puissent être achetés de préférence aux produits importés, il a été admis que des prélèvements à l'importation seraient perçus, qui compenseraient la différence entre les prix du marché mondial et les prix jugés souhaitables à l'intérieur du Marché Commun ;

– la libre circulation des produits et le libre accès de tous les acheteurs aux produits offerts sur le marché communautaire ;

– la solidarité financière : les États membres sont solidairement responsables des conséquences financières des mesures prises en application des règlements de marché.

Partant de ces trois données fondamentales, l'organisation commune des marchés et la politique des prix agricoles reposent, en définitive, sur les six principes de base suivants :

– la suppression des restrictions quantitatives aux échanges intra- et extra-communautaires ;

– la liberté de circulation des produits agricoles entre les États membres ;

– un régime uniforme de prix s'appliquant à tous les producteurs de la Communauté ;

– une frontière commune à l'égard des pays tiers ;

– des garanties uniformes aux producteurs de la Communauté ;

– une gestion des marchés et une responsabilité financière communes.

Prélèvement : c'est une somme perçue comme un droit de douane à l'importation d'un produit agricole destinée à couvrir la différence entre le prix mondial et le prix intérieur du Marché Commun. Elle alimente la caisse européenne appelée F E O G A (Fonds européen d'orientation et de garantie agricole).

Restitution : c'est une aide à l'exportation versée par le F E O G A, destinée à compenser la différence entre le prix intérieur de la Communauté et le cours mondial généralement plus bas. On l'appelle restitution, parce que c'est en principe le produit des prélèvements qui est « restitué » à l'exportation.

Le Monde, 26 février 1980.

4. L'organisation des marchés agricoles : des prix théoriques aux prix réels

● **Les prix théoriques**

– **Le prix indicatif** (céréales et riz, sucre, lait, huile d'olive, colza, tournesol) : c'est le prix de gros que l'on cherche pour chaque campagne donnée. Il est fixé, en début de campagne, pour orienter la production dans le sens désiré. Il sert également de rempart contre les importations trop fortes venues des pays tiers ; lorsque le prix de marché devient inférieur au prix d'orientation, des prélèvements sont perçus en plus du droit de douane *ad valorem*. (Le *prix de base* correspond pour la viande porcine au prix d'orientation.)

● **Les prix qui assurent un soutien du marché intérieur**

– **Le prix d'intervention** (céréales, riz, colza, tournesol, huile d'olive, viande bovine, beurre, poudre de lait, tabac, sucre) : c'est le prix auquel des organismes d'intervention (en France, la Société interprofessionnelle du bétail et de la viande et la société Interlait, par exemple) ont l'obligation d'acheter les produits qui n'ont pu trouver preneur sur le marché communautaire ou à l'exportation.

– **Le prix de retrait** (fruits et légumes) : c'est le prix en dessous duquel les organisations de producteurs ne mettent pas en vente les produits apportés par leurs adhérents, qui reçoivent en contrepartie une indemnité.

– **Le prix d'achat** : c'est le tarif auquel les organismes d'intervention achètent des excédents en cas de « crise grave » (c'est-à-dire lorsque durant trois jours les cours sont inférieurs à ce prix d'achat) dans le secteur des fruits et légumes ou de la viande porcine.

● **Les prix qui assurent la protection aux frontières**

– **Le prix de seuil** (céréales, riz, sucre, produits laitiers, huile d'olive) : c'est le prix le plus bas auquel une marchandise provenant de pays tiers puisse entrer dans la Communauté pour parvenir sur les marchés de gros au moins au prix indicatif.

– **Le prix de référence** : comme le prix d'orientation, ce prix sert de rempart contre des importations excessives (pour le vin et pour les fruits et légumes).

– **Le prix d'écluse** : pour la viande porcine.

Le Monde, 21 février 1974.

5. Une protection très inégale selon les produits

● A la frontière

Dans certains secteurs importants de l'économie agricole, cette protection aux frontières n'existe pas : c'est le cas, en particulier, pour les matières végétales, les tourteaux, le soja et le manioc. Il en résulte pour les produits de la Communauté qui sont concurrents – les produits laitiers dans le cas des matières grasses végétales – un grave affaiblissement de la préférence communautaire. Celui-ci est considéré par les organisations professionnelles agricoles et par certains États membres comme étant pour une large part à l'origine des déséquilibres structurels les plus graves, en particulier de celui constaté dans le secteur laitier.

En ce qui concerne le mouton, production dans laquelle la Communauté est déficitaire, la France a d'ores et déjà accepté que la protection du marché des Neuf, et par conséquent la préférence communautaire, ne soit pas assurée par un dispositif de prélèvement mobile aux frontières mais par l'intermédiaire d'accords d'auto-limitation qui seront négociés par la Commission au nom des Neuf avec les fournisseurs extérieurs de la C E E, le premier d'entre eux étant la Nouvelle-Zélande.

Le Monde, 29 avril 1980.

● Pour le soutien du marché intérieur

Alors que les céréales, la viande, le sucre, le lait jouissent de la protection communautaire – prix « garantis » grâce à un « prix de seuil » autour de l'Europe à Neuf, à partir duquel est calculé un « prélèvement » et déclenchée une « intervention » en cas d'excédents – les fruits et légumes sont les grands oubliés de l'Europe verte. Aucun « prélèvement » n'empêche les Allemands ou les Britanniques d'importer des produits espagnols à des prix qui cassent ceux des Français, rejetés alors sur le marché national.

Pour faire face aux excédents, même carence : seul existe un « prix de retrait », véritable prix catastrophe puisqu'il n'atteint pas les prix de revient. Certes, la France protège unilatéralement son marché intérieur par un calendrier : les importations espagnoles de primeurs doivent s'arrêter lorsque la production française est mûre. Système sans grande portée, les pays partenaires ne l'appliquant pas et la concurrence se faisant donc sur les marchés extérieurs avant de provoquer, par ricochet, l'effondrement des cours en France.

Le Nouvel Économiste, 23 juin 1980.

B. LE FONCTIONNEMENT DE LA P A C : DES EFFETS PERVERS DES MOYENS A LA RÉALISATION INCOMPLÈTE DES OBJECTIFS

6. Développement de l'agriculture

La politique agricole commune a permis un développement sans précédent de l'agriculture européenne.

Après la guerre, dans pratiquement tous nos pays, l'agriculture constituait un secteur en retard de développement : exploitations trop petites (78,5 % des exploitations inférieures à 10 hectares), techniques culturales traditionnelles, mécanisation insuffisante, gestion irrationnelle.

L'agriculture européenne est devenue compétitive : on considère qu'avec des méthodes de culture différentes, le prix de revient d'un quintal de blé récolté en Europe est le même que celui d'un quintal de blé récolté aux États-Unis.

Le Monde, 21 décembre 1979.

7. Au prix d'un exode rural important

Face aux 260 millions de consommateurs de la Communauté se trouvent aujourd'hui 10 millions d'agriculteurs, soit à peine un peu plus de la moitié des effectifs agricoles de 1958.

Prix inéluctable de la modernisation de l'agriculture, l'exode rural s'est poursuivi à un rythme accéléré (4,4 % par an en moyenne) pendant les dix premières années d'existence de la politique agricole commune de l'Europe, pour se ralentir nettement à partir de 1974, par suite des fléchissements de l'ensemble des économies occidentales.

Revue *30 Jours d'Europe*, avril 1977 (Commission des Communautés Européennes).

8. Une spécialisation croissante mais limitée

Cet accroissement de la production s'est accompagné d'une spécialisation croissante des différentes régions et pays du Marché Commun. Pour les céréales, par exemple, la moitié de l'accroissement de la production agricole de la Communauté a été le fait de la France qui, en dix ans, a triplé sa production de maïs et augmenté de 50 % celle de blé tendre. Pour la viande de porc, malgré l'avance importante enregistrée en Bretagne, ce sont les Pays-Bas et la Belgique qui remportent la première place, avec un doublement de la production. Pour la production de sucre, le taux de progression enregistré en France (5,1 %) a été largement supérieur à la moyenne des six fondateurs de la Communauté (3,4 %) et, seule, la Belgique a fait mieux. Pour le lait, c'est en France — dans l'Ouest et le Sud-Ouest notamment — et aux Pays-Bas que la croissance de la production a été la plus vive. Pour les fruits, l'Italie demeure le principal producteur, mais c'est en France que l'on enregistre la progression la plus notable. Pour d'autres produits tels que la viande de bœuf, les œufs, la volaille, les pommes de terre, l'accroissement de la production a été plus homogène.

Revue *30 Jours d'Europe*, avril 1977 (Commission des Communautés).

Il y a eu refus tacite unanime de laisser se faire en Europe, dans le cadre du grand marché, une véritable spécialisation régionale qui, certes, aurait posé des problèmes humains et politiques difficiles. Les Hollandais ont continué à produire des tomates sous serres chauffées au mazout, les Belges des raisins, les Allemands des céréales et du sucre, et la France à peu près de tout à peu près partout. Mais pour l'avenir, le problème ainsi créé est celui de l'augmentation des productions sans orientation véritable.

J.-F. Deniau, *L'Europe interdite*, Ed. du Seuil.

9. Sécurité des approvisionnements ?... mais des dépendances inquiétantes se perpétuent

Évolution du degré d'auto-approvisionnement de trois pays membres

| | France | | R F A | | Pays-Bas | |
	1956-60	1975-77	1956-60	1975-77	1956-60	1975-77
céréales totales	110	153	77	80	35	25
sucre	18	158	92	108	100	136
viande totale	101	98	86	85	131	191
viande porcine	101	85	94	87	146	212
viande volaille (1972)	101	112	51	54	386	343
viande de mouton	75	72	74	46	367	530

L. Mahé et M. Roudet, *Économie Rurale*, février 1980.

Actuellement, l'agriculture communautaire est en mesure de fournir l'essentiel des produits vitaux nécessaires à l'alimentation des 260 millions de consommateurs de la Communauté, qu'il s'agisse des céréales, du sucre, des fruits (à l'exception des agrumes) et des légumes, de la viande et des produits laitiers. En même temps, nos pays sont devenus très dépendants les uns des autres, non seulement pour leur approvisionnement, mais aussi pour leurs exportations.

En dépit des progrès de sa production, la Communauté reste néanmoins très dépendante de l'importation d'un certain nombre de denrées de base : le volume de ses importations en provenance des pays tiers demeure en fait très important (137 milliards de francs en 1975), voire supérieur au volume des échanges intra-communautaires (104 milliards de francs en 1975). Ces importations (céréales secondaires, fruits et légumes, graines oléagineuses, etc.) font de la Communauté le principal marché importateur au monde pour les denrées agricoles. 40% de ces importations proviennent des pays en voie de développement, 50% des pays industrialisés (dont 20% des États-Unis), et environ 10% des pays de l'Est.

Dans l'ensemble, le déficit de la Communauté européenne en matière d'échanges agricoles et alimentaires est passé de 38 à 68 milliards de francs entre 1963 et 1973. Ces chiffres contredisent l'image protectionniste qui a été bien souvent attribuée à la Communauté européenne. Ils montrent bien au contraire, que s'il est vrai que depuis 1958 la Communauté est devenue plus auto-suffisante pour les principaux produits sous organisation commune de marché, sa dépendance vis-à-vis de l'extérieur s'est accrue d'une manière très importante pour certains produits (soja, tourteaux, maïs) qui sont employés massivement dans la production animale. Cette dépendance est particulièrement forte vis-à-vis des États-Unis, dont l'excédent dans le commerce agricole avec la Communauté est passé de 2 à 4,4 milliards de dollars en l'espace de trois ans (1972-1975).

Revue : *30 Jours d'Europe*, avril 1977 (Commission des Communautés).

10. Le soja

Comment les États-Unis se sont imposés

La pénétration du soja sur les marchés occidentaux supposait un renversement des habitudes. Jusque-là, ce sont essentiellement les huiles tropicales qui alimentaient à partir du commerce d'importation la consommation humaine (huiles comestibles et surtout margarines) et les tourteaux étaient peu utilisés.

C'est l'ouverture du Marché Commun qui ouvre la brèche par laquelle va passer le flux américain. Jusqu'en 1967, les marchés sont cloisonnés. Le Bénélux et l'Allemagne pratiquent une politique libérale et laissent entrer huiles et corps gras en franchise, mais la France assure une préférence absolue aux corps gras de l'Union française, en même temps qu'elle veut favoriser sur son sol la culture du colza et du tournesol, tandis que l'Italie protège par de fortes taxes sa production d'huile d'olive.

Ces pratiques, contraires aux dispositions de la Communauté économique européenne, doivent être abolies. La suppression des barrières douanières entre les six s'accompagne de la mise en place d'un tarif extérieur commun qui est le suivant : droits nuls à l'importation des graines oléagineuses et des tourteaux (règlement du 22 septembre 1966). Un projet d'appliquer un droit de douane à tous les tourteaux et d'en réserver le montant aux pays du Tiers-Monde est écarté.

Les États-Unis profitent de ces dispositions. Au moment où les besoins accrus en viande de l'Occident modifiaient les techniques d'élevage, les États-Unis ont su mettre à profit leurs immenses ressources en terres, leur avance technologique, le dynamisme de leurs producteurs pour se placer les premiers sur ces nouveaux marchés.

Au besoin, la pression purement politique s'ajoute à la pression économique. En voilà un exemple parmi beaucoup d'autres. Au moment où s'élaboraient des projets de production du soja en Europe à la suite de la suspension des exportations américaines en 1973, l'ambassadeur des États-Unis à Bonn, M. Millenbrandt, fit une démarche officielle auprès du gouvernement fédéral. Il l'informait que les agriculteurs et le gouvernement des États-Unis considéraient comme « une provocation » toute restriction à la liberté des échanges de protéines fourragères. Il précisa qu'il ne s'agissait pas seulement de taxes sur les exportations américaines de soja, mais encore du versement par la C E E d'aides spéciales aux producteurs européens de cette plante !

Informations et Commentaires, bulletin trimestriel du centre Croissance des jeunes nations, Pierre Viau, n° 8, juillet-septembre 1974.

Force est de constater en outre que si la France voulait adopter une politique restrictive à l'égard des importations de protéines, fixer des plafonds et obtenir un règlement communautaire pour cette matière première – comme s'était promis de le faire M. Jacques

Chirac en juillet 1973, promesse non suivie d'effet − elle serait bien seule. L'Italie et le Bénélux sont satisfaits du modèle soja-céréales. L'Irlande valorise son herbe. Le Danemark et la Grande-Bretagne ont développé un modèle d'exploitation qui intègre productions animales et productions céréalières. L'Allemagne se partage entre le modèle nordique d'aliments importés et l'ensilage d'herbe. On peut toutefois objecter que la mise en œuvre d'un plan efficace de promotion des cultures protéagineuses aurait dû permettre depuis longtemps de réduire le taux de dépendance dans ce domaine et non de l'augmenter.

Année économique du *Monde*, 1979.

11. Les excédents s'amoncellent

En 1984, les stocks de beurre de la CEE étaient de 853 000 tonnes, les ventes de poudre de lait maigre s'élevaient à 870 000 tonnes.

Le gonflement de ces stocks s'explique en grande partie par l'effondrement des achats des pays tiers et en particulier des pays en voie de développement (Moyen Orient, Amérique du Sud) qui n'ont plus les moyens financiers de leur politique d'aide alimentaire.

Le Monde, Bilan économique et social, 1984.

Chaque matin et chaque soir, des centaines de milliers d'agriculteurs traient leurs vaches ; des camions collectent ce lait. Dans les laiteries, il est écrémé et envoyé dans de coûteuses tours de séchage, où il faut environ un litre de pétrole pour obtenir un kilo de poudre. D'autres camions reprennent ce lait en poudre et le livrent à un agriculteur − parfois le même − qui rajoute l'eau précédemment enlevée lors de la déshydratation... et donne ce breuvage − réchauffé − à ses veaux. Ce circuit imbécile, dont le moteur est la subvention au lait en poudre destiné à l'alimentation animale, n'est pourtant peut-être pas l'aspect le plus choquant ni le plus absurde du problème des excédents laitiers. Plus scandaleux est le fait que notre système conduit à privilégier l'alimentation des animaux au détriment des millions d'enfants qui souffrent de carence alimentaire dans le monde.

Plus absurde : chaque jour arrive, dans les ports de l'Europe du Nord, du tourteau de soja (14 millions de tonnes au total pour la

C E E), du manioc (6 millions de tonnes), etc., qui, d'une part, concurrencent gravement les produits « équivalents » européens (les céréales et l'herbe) et, d'autre part, incitent les éleveurs proches de ces ports à produire encore plus de lait grâce à ces matières premières à bon marché. La production de ces « usines à lait » (les Pays-Bas et l'Allemagne consomment 68 % du manioc importé) constitue la source la plus sérieuse des excédents.

Rémy Rivière *Le Matin*, 24 mars 1980.

Les plus fortes augmentations de rendement de l'agriculture européenne restent encore à venir : des productions de 8 000 kg de céréales à l'hectare ou de 8 000 litres de lait par vache et par an, par exemple, deviendront un jour une réalité pour la grande masse des exploitations européennes. Par rapport à la moyenne actuelle, cela représente à peu près un doublement des rendements végétaux et animaux.

Problèmes économiques, 25 mai 1977.

12. Qui est responsable des excédents et des pénuries ? Deux points de vue

a. Des prix trop élevés et une mauvaise hiérarchie des prix

La hiérarchie de prix agricoles actuels a fait presque disparaître l'élevage des zones de grandes cultures tant était inutile la recherche d'une faible valeur ajoutée supplémentaire, source d'inconvénients quant au mode de vie assuré par un revenu confortable. L'augmentation de la superficie en céréales en est un fait révélateur.

La Communauté cherche à maintenir les prix des céréales, du sucre, du lait à un niveau trop élevé par rapport aux prix mondiaux.

Le maintien de tels niveaux de prix n'est pas justifiable au plan économique pour les productions excédentaires (blé, sucre, lait). Trop élevés à la production, ils déplacent trop de ressources vers ces productions, au détriment de branches déficitaires dont la rentabilité relative est ainsi réduite (lait par rapport aux bœuf et mouton ; froment et sucre relativement aux céréales fourragères et protéagineux...). Trop élevés à la consommation finale, ils en freinent l'utilisation, ce qui ne fait qu'accroître les dépenses de soutien. Trop élevés à la consommation intermédiaire des I A A (Industries agro-alimentaires), ils en freinent la demande et suscitent l'usage de matières de substitution, qui étant hors de la réglementation communautaire se trouvent vendues à leur valeur d'opportunité. Le manioc est l'exemple le plus remarquable de la percée d'un nouveau produit.

Là encore les excédents sont accentués puisque les produits protégés sont délaissés au profit des produits de substitution n'entrant pas dans la réglementation européenne.

De plus, et c'est l'argument essentiel, en plaçant à un niveau excessif le prix des matières premières (céréales), la politique agricole handicape les activités d'aval (élevage, I A A) et empêche dans ces conditions ces produits à haute valeur ajoutée et créateurs d'emplois d'être compétitifs sur les marchés extérieurs. [...]

On peut d'ailleurs montrer qu'avec les rapports de prix céréales-viande actuels et les compositions de bilan fourrager, la protection des marchés de la viande aux frontières n'est que nominale.

L. Mahé et M. Roudet, *Économie Rurale*, février 1980.

Il faut savoir qu'au départ, le prix européen des céréales a été fixé pratiquement au prix allemand, qui était le plus élevé de la Communauté à six. Il était élevé car, à la différence de ce qui existe en France, les producteurs allemands de céréales sont pour la plupart de petits producteurs aux structures peu compétitives, à qui il fallait donc des prix élevés pour vivre convenablement. Cette situation de départ n'a pas beaucoup évolué depuis : toute proposition de bloquer le prix des céréales se heurte immédiatement à l'opposition des Allemands qui songent à leurs petits producteurs, et aussi des Néerlandais qui pensent que tous les produits agricoles doivent connaître une augmentation au moins égale à celle du coût de la vie...

P. Le Roy, *L'avenir du Marché Commun agricole*, P U F, 1973, cité dans Cahiers Français, nº 166.

b. La préférence communautaire est insuffisamment appliquée

Une des bases essentielles de la politique agricole commune est que chaque pays de la Communauté doit avant tout s'approvisionner chez ses partenaires.

Or, le problème est bien que le jeu de la préférence communautaire est en réalité un jeu truqué tout simplement parce que ces règles ne sont appliquées que partiellement. Beaucoup de produits importés lui échappent.

Or, si l'on appliquait à tous ces produits la règle fondamentale de la préférence communautaire, il est probable que la production laitière baisserait en volume, mais qu'aussi la consommation de produits laitiers pourrait peut-être s'accroître.

En effet, si des prélèvements à l'entrée de la C E E frappaient le manioc – ou le maïs américain – celui-ci cesserait d'être meilleur marché que les céréales. A la place de ce manioc, des céréales européennes seraient utilisées, mais avec plus de parcimonie, par les éleveurs laitiers. La conséquence serait double : on réduirait les dépenses nécessaires pour exporter nos céréales (coût actuel : 9 milliards de francs) et la production de lait « hors sol » des usines à lait néerlandaises serait freinée. Le même raisonnement vaut pour le soja et les oléagineux. La C E E importe près de 80 % des huiles végétales dont elle a besoin. Leur prélèvement rendrait possible un développement de la production intérieure de plantes oléagineuses – assuré aujourd'hui au prix de lourdes subventions.

[...] Lorsqu'on parle de surproduction en beurre de 300 000 tonnes on oublie que la Grande-Bretagne importe 120 000 tonnes de beurre néo-zélandais ou que l'Italie fait entrer à bas prix des maïs américains en faisant perdre 95 millions de francs de prélèvement au F E O G A. Si l'on mettait fin, progressivement s'entend, à ces privilèges, les prétendus excédents agricoles de l'Europe seraient sérieusement réduits.

Ainsi, le retour à la préférence communautaire, restituant une logique à la politique agricole commune, rétablirait, dans le secteur laitier, une situation moins aberrante. Dans un cadre ainsi assaini, et dans la mesure où subsisteraient encore des excédents, on pourrait alors prendre différentes mesures spécifiques qui ont été envisagées ici et là : prix dégressifs, selon le niveau de production des élevages, aide aux troupeaux de vaches allaitantes, stockage d'excédents sous forme de protéines et non de lait écrémé, utilisation du lactose en alimentation animale, etc. Ces mesures permettraient d'éviter la réduction du nombre de vaches, qui commande le nombre de veaux et, par là même, la production de viande, secteur pour lequel l'Europe est déficitaire (300 000 tonnes)[1].

Rémy Rivière, haut fonctionnaire, économiste rural, *Le Matin*, 24 mars 1980.

1. Mais en 1980, l'Europe a 300 000 tonnes de viande bovine en trop dans ses machines frigorifiques car il manque encore 100 $ de « restitutions » à la tonne pour la ramener au prix argentin (*Nouvel Economiste*, 11 février 1980).

13. Le prix de la parité :
des prix élevés pour les consommateurs

La politique agricole commune a fait bénéficier les agriculteurs d'une juste élévation de leur niveau de vie.

A l'entrée en vigueur du Marché Commun, un agriculteur allemand percevait environ 56 % du salaire d'un travailleur des autres secteurs de l'économie ; un Français 57 %, un Belge 58 %, un Luxembourgeois 54 %, un Italien 38 %, un Néerlandais 76 %.

Globalement on peut admettre aujourd'hui que les agriculteurs ont obtenu la parité de revenu, c'est-à-dire, à conditions comparables, un salaire égal à celui des travailleurs des autres secteurs de l'économie.

Le Monde, 21 décembre 1979.

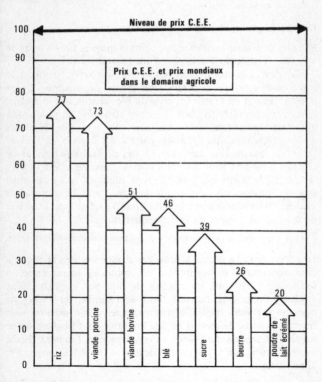

Source : rapport 1978 sur la situation de l'agriculture dans la C.E.E.

14. Le prix du soutien des prix

Les négociateurs n'ont pas voulu (ou pas pu) aller jusqu'au bout de la logique sociale qui sous-tendait la politique communautaire. Ils n'ont pas osé fixer le prix minimum en fonction de la taille des exploitations et de leur situation géo-économique. Ce qui explique, bien sûr, qu'un même prix garanti assure aux uns un substantiel profit, et aux autres un revenu inférieur au minimum vital. Du coup, bien que l'*inspiration* de la politique agricole soit sociale et non libérale, son *application* ne diffère guère de ce que donnerait le fonctionnement d'un marché libre. Simplement, les fluctuations de prix sont atténuées et, pour certains produits, un amortisseur à la baisse apporte aux exploitants les plus productifs la garantie d'une rentabilisation de leurs investissements.

D. Clerc, *Critique Socialiste*, n° 34, mars 1979.

Une politique antisociale

Fixer les prix pour permettre aux petits et moyens producteurs de vivre convenablement, cela part d'une louable intention.

Mais c'est aussi procurer aux producteurs qui ont de bonnes et de très bonnes structures de confortables « rentes de situation ». Le cas le plus flagrant en France est celui du blé : chacun sait que, dans notre pays, les céréaliers bénéficient de structures de production qui, dans l'ensemble, sont excellentes. Par exemple, 50 % des céréales françaises sont produites par 7 % des livreurs (chiffres de l'O N I C). Cela signifie donc que 7 % des producteurs français de céréales reçoivent 50 % des aides communautaires affectées à ce secteur, notamment sous forme de restitutions... Cela signifie aussi que ces producteurs importants peuvent produire tant qu'ils veulent car ils bénéficient d'un prix garanti quel que soit le niveau du marché intérieur et du marché international.

P. Le Roy, *L'avenir du Marché Commun agricole*, P U F, 1973, cité dans Cahiers Français, n° 166.

Le « prix garanti » décidé à Bruxelles chaque année s'applique à neuf agricultures évoluant dans des contextes économiques et techniques différents. En matière de lait, par exemple, deux systèmes s'opposent. Dans le Nord de l'Europe, les vaches ne quittent pas leurs étables, véritables usines à lait, où elles sont nourries à partir de maïs et de soja importés des États-Unis ou de manioc thaïlandais. En France, en revanche, elles broutent l'herbe toute l'année, sans coûter de devises à la C E E pour leur alimentation.

Le Nouvel Économiste, n° 210, 26 janvier 1979.

C. LA P A C MENACÉE

15. Le coût de la P A C et le prix de la solidarité

a. Moins de 1% de la P I B de chaque pays, mais 70% du budget communautaire

Surproduction, politique commerciale frileuse, montants compensatoires... (tout cela coûte cher : 50 milliards de francs français environ par an, soit 70 % de l'ensemble du budget de la Communauté. 50 milliards, soit onze fois plus que les dépenses sociales de la Communauté et quinze fois plus que l'aide des Neuf aux pays en voie de développement.)

Ce n'est sans doute pas la politique agricole européenne qui coûte cher (0,65 % du produit intérieur brut des États membres de la C E E, 2,5 % du total des budgets nationaux). Ce sont les autres politiques communautaires qui font figure de parent pauvre.

J. A. Fralon *Le Matin,* 24 mars 1980.

**C'est le soutien du marché du lait
qui coûte le plus cher en subventions**

	Part dans la production agricole européenne	Part dans les subventions de soutien
1. Lait..............	19,5 %	43,6 %
2. Céréales..........	11,4 %	20,4 %
3. Viande de bœuf....	15,8 %	6,5 %
4. Sucre	2,6 %	5,5 %
5. Vin..............	1,9 %	2,9 %
6. Viande de porc.....	13,2 %	1,3 %
7. Oeufs et volailles ...	7,9 %	—

Source : *Rapport général de 1978 sur la situation de l'agriculture dans la C E E.*

**Le producteur de lait français coûte 7 fois moins cher
au budget de l'Europe que le néerlandais**

1. Pays-Bas	42 163 F
2. Luxembourg	27 500 F
3. Danemark	26 568 F
4. Royaume-Uni	26 228 F
5. Belgique	18 176 F
6. Allemagne	12 718 F
7. Irlande	9 237 F
8. France...	5 712 F
9. Italie	285 F

Le Matin, 24 mars 1980.

La production de betterave, dont le prix est plus du double du prix mondial, reçoit du F E O G A une part de fonds double de son importance relative dans la production finale. Or, elle ne concerne que 4 % des agriculteurs français.

L. Mahé et M. Roudet, *Économie Rurale*, février 1980.

b. La solidarité en question

Il est possible, pour un pays d'« externaliser » une partie des coûts de ses propres objectifs politiques – c'est-à-dire qu'il peut, par exemple, reporter sur la Communauté le fardeau d'une mesure qui vise surtout des intérêts nationaux. Ainsi l'élévation du prix de l'huile d'olive italienne va être supportée en partie par le contribuable du Danemark et le soutien du revenu des éleveurs de mouton français sera assuré en partie par la Belgique qui n'en produit presque pas. Ce fonctionnement conduit à des marchandages prolongés et à des compromis qui ont peu de chance de déboucher sur une bonne allocation des ressources et d'être conformes à l'intérêt global communautaire.

C'est actuellement la Grande-Bretagne qui conteste le plus vigoureusement le principe budgétaire, alors que la France affecte de ne pas comprendre la nature du problème.

L. Mahé et M. Roudet, *Économie Rurale*, février 1980.

16. Les Britanniques contre toute politique agricole commune

Les Britanniques, dont la production agricole n'est pas considérable, souhaiteraient la disparition de la P A C. Leur rêve, ou, si l'on préfère, leur illusion, serait de revenir à une situation permettant au consommateur anglais de s'approvisionner à nouveau à bas prix sur le marché mondial, principalement aux États-Unis, au Canada, en Australie et en Nouvelle-Zélande.

En adhérant, le Royaume-Uni n'a pu faire autrement que de se résigner à l'existence de la P A C, dont, soit dit au passage, il a contribué à alourdir les charges en imposant alors l'importation, chaque année, dans la Communauté, de 1 300 000 tonnes de sucre produites dans ses anciennes colonies des Caraïbes, de l'océan Indien et du Pacifique, et de 120 000 tonnes de beurre néo-zélandais. Les Britanniques profitent au mieux de leurs intérêts du système garanti de prix ; à l'abri de celui-ci, ils accroissent sensiblement leur production, en particulier de lait.

J. Grall et P. Lemaître, *Le Monde*, mars 1980.

17. Les montants compensatoires monétaires : une renationalisation des politiques agricoles

Les montants compensatoires monétaires (M C M) sont nés en août 1969 après la dévaluation française de 12,5 %. Pour que le principe de l'unicité soit respecté, il faut que les prix français exprimés en francs soient majorés de 12,5 %. Pas question, dit alors le gouvernement français, ce serait faire échouer d'entrée de jeu la dévaluation. La France demande que ses prix agricoles rejoignent en deux ans les prix agricoles européens. D'accord, répond la Commission, mais cela ne suffit pas à régler le problème. Les *prix d'intervention* doivent être les mêmes dans tous les pays, sous peine de voir les produits se déplacer d'un pays à l'autre pour se faire acheter et stocker là où les prix d'intervention sont les plus hauts. Par conséquent, pour les importations et les exportations de produits agricoles à l'intérieur de la Communauté, il faut *annuler* les effets de la dévaluation. Les produits français exportés vers les partenaires peuvent, grâce à la dévaluation, être vendus 12,5 % moins chers. On va annuler cet avantage en taxant les exportations de 12,5 %. En sens inverse, les produits allemands importés en France se heurtent, du fait de la dévaluation, à une barrière de 12,5 % ; on va les subventionner du même montant. La Commission appelle ces taxes à l'exportation « montants compensatoires négatifs », et ces subventions à l'importation « montants compensatoires positifs ».

C'est en 1971, et surtout en 1973, avec les dénivellations de change considérables à l'intérieur de la C E E (le franc dévalue, par rapport au mark, de 35 % entre 1971 et 1978), que les conséquences des M C M se font vraiment sentir. Créer des M C M, cela revient à annuler pour le seul secteur agricole les conséquences d'une dévaluation. Seuls, dans toute l'économie, les produits agricoles ne bénéficient pas de l'avantage à l'exportation et de la protection à l'importation qui résultent d'une dévaluation. Or, pourquoi dévalue-t-on ? Parce que les prix intérieurs ont augmenté plus vite que les prix extérieurs.

Le secteur agricole est soumis à la hausse plus rapide du prix des moyens de production (engrais, machines, outillage, sans oublier la fameuse ficelle lieuse). Il est très défavorisé à cet égard par rapport à ses concurrents allemands et hollandais. Mais il ne bénéficie pas de la compensation procurée aux industriels par la dévaluation du franc. A la longue, la situation devient intolérable.

Naturellement, la présentation ci-dessus est un peu poussée. L'agriculture française n'est pas restée, dans ses relations commerciales avec le Marché Commun, figée avec les rapports de change de 1958. A l'occasion de chaque fixation des prix de campagne européens, on a fait monter un peu plus vite les prix français et moins vite les autres, et on a supprimé corrélativement les M C M; aujourd'hui, il subsiste seulement 10 % de montants compensatoires négatifs à la charge de la France (taxations sur nos exportations), et naturellement 10 % pour les montants compensatoires positifs de l'Allemagne (subventions aux exportateurs allemands). C'est encore très lourd.

Ajoutons que le problème n'est pas aussi aigu pour tous les produits. Il ne se pose pratiquement pas pour les céréales et le sucre, où la France est la seule exportatrice de la Communauté. Il se pose de façon aiguë pour les produits laitiers, la viande de porc et même les vins fins.

La France[1] a fait poser, dans le communiqué du 6 décembre 1978, deux principes : l'un sur « l'importance qui s'attache à ce que soit désormais évitée la création de M C M *durables* » ; l'autre visant « à ce que soient progressivement réduits les M C M existants, afin de rétablir l'unité des prix communs agricoles, tout en tenant compte de la politique en matière de prix »...

1. Condition posée par la France pour l'entrée en vigueur du S M E.
L'Expansion.

Les montants compensatoires monétaires (M C M) conduisent aussi à des différences de prix, entre pays, comme le font tous les droits de douane. Ils maintiennent les prix de marché plus bas en pays à monnaie faible. Ce sont donc de véritables droits de douane, que la C E E n'a jamais voulu appeler par leur nom car il eût alors fallu reconnaître explicitement la fin de l'Union Douanière et de l'unicité des prix. [...]

Les montants compensatoires monétaires ont établi des niveaux de droits de douane bien supérieurs à ceux existant avant le Traité de Rome. Où est l'Union Douanière et la règle d'unicité des prix ? On voit comment la solidarité financière a conduit, par des chemins détournés, les pays membres à renationaliser leur politique agricole.

L. Mahé et M. Roudet, *Économie Rurale*, février 1980.

18. Les résultats paradoxaux de la P A C

• Une allocation non rationnelle des ressources

Comme l'agriculture allemande ne semble pas la mieux dotée en facteurs naturels, qu'elle est moins efficace que l'agriculture britannique, c'est donc l'allocation des ressources et la localisation des productions dans la Communauté qui est faussée. Une perte économique énorme en résulte pour l'Europe qui s'éloigne de plus en plus d'une division rationnelle du travail. On est loin du principe d'ouverture du marché allemand aux produits agricoles français en échange de nos débouchés industriels.

D'une manière générale, comme le soulignent la croissance des excédents et les solutions proposées pour supprimer les M C M, la France a toujours poussé – comme l'Allemagne – dans les compromis bruxellois vers la poursuite d'une politique de prix élevés. Cette obstination a eu pour conséquence de favoriser le développement des potentialités agricoles de nos concurrents les plus dynamiques, alors que les conditions naturelles donnaient un net avantage à l'économie agricole française. En retour, cette politique indistincte de prix élevés a freiné la croissance de la productivité dans certaines productions qui se développaient fortement et sans problème en percevant de solides rentes de situation. [...]

D'autre part, en poussant à une politique de prix élevés de céréales et de contingents pour le sucre, la France a contribué au développement des productions chez les autres États-membres, fermant ainsi ses propres débouchés.

L. Mahé et M. Roudet, *Économie Rurale*, février 1980.

• Le « pacte sacré » se retourne contre la France

La C E E n'a pas permis à la France de tirer une part accrue de Revenu National de son agriculture. N'est-ce pas là le critère essentiel à prendre en compte ? C'est bien lui qui, agissant sur la production, le chômage, le commerce extérieur et le Franc, affecte la santé de notre économie.

Eurostat.

19. Quel avenir pour la P A C ?

[...] Les agriculteurs des divers pays ont des intérêts contradictoires. Les producteurs des pays à monnaie forte bénéficient du système M C M qui pèse sur les revenus de ceux des pays à monnaie faible.

Les producteurs anglais sont les alliés objectifs des consommateurs allemands. Et si ces deux groupes ne réussissent pas à faire prévaloir leur analyse, c'est qu'ils pèsent traditionnellement peu dans l'élaboration de leurs politiques agricoles nationales.

Des prix moins élevés permettront, compte tenu de l'allocation favorable de facteurs de production, de stopper la montée en puissance de l'agriculture allemande et de reconquérir des parts de marché communautaire. [...] Les deux pôles du débat contradictoire sur la P A C sont tenus actuellement l'un par le Royaume-Uni et l'autre par la R F A. La France aurait tout intérêt à jouer de cet antagonisme pour proposer une voie de réforme cohérente à mi-chemin des conceptions anglaises et allemandes.

L. Mahé et M. Roudet, *Économie Rurale*, février 1980.

20. 1984 : Un tournant dans la P A C

Les ministres de l'agriculture, conscients de l'absurdité économique et financière qui consistait à produire des quantités grandissantes d'excédents invendables, se résignèrent à approuver une politique de contingentement de la production laitière. En réalité, la nouvelle politique prévoyait même que chacun des États membres, sauf l'Irlande, réduirait sa production de lait par rapport au niveau atteint la campagne précédente. Une révolution !

La Communauté mettait fin à vingt-deux ans d'une politique continue d'expansion de la production.

Ces décisions suscitèrent – ce ne fut pas une surprise – des réactions de mauvaise humeur dans les campagnes. Les gouvernements membres s'efforcèrent d'y pallier en mettant en place des mesures nationales d'accompagnement visant à atténuer les effets les plus négatifs de la politique ainsi pratiquée. Certaines de ces mesures sont contestables, compte tenu de l'objectif poursuivi : ainsi les Allemands, qui ont toujours figuré parmi ceux qui dénonçaient le plus volontiers les excès de la PAC et qui avaient insisté pour en hâter la réforme, ont demandé et obtenu en juin au conseil européen de Fontainebleau le droit de consentir des abattements fiscaux substantiels à leurs agriculteurs.

Les inconvénients qui résultent de l'existence des MCM seront de la sorte bien malencontreusement perpétués : les agriculteurs allemands bénéficieront de prix supérieurs à ceux de leurs concurrents des autres pays de la CEE.

Le Monde, L'année économique et sociale, Bilan, juin 1984.

Y a-t-il eu une intégration au niveau de la production ?

Le capitalisme n'est-il pas par essence apatride et sans frontières ? Les grandes entreprises américaines, incitées à contourner l'obstacle du T E C ont dressé, les premières, pavillon en Europe de manière massive ; ce mouvement s'est poursuivi et auto-alimenté (document 1). Les européennes ont saisi l'opportunité que leur offrait l'Europe pour se restructurer, ce dont témoigne la vague de concentration des années soixante ; un seuil était dès lors franchi et s'est amorcée une timide interpénétration du capital bancaire et industriel européen (documents 2, 3, 4) sans donner naissance toutefois à une intégration juridico-financière si ce n'est de manière ponctuelle (document 5).

Ainsi l'internationalisation des marchés provoquée par la réalisation de l'Union Douanière n'a pas été accompagnée d'une internationalisation de la production à l'intérieur de l'espace communautaire. L'intégration technique au niveau de la production est restée très limitée. Pour les firmes des différents pays de la Communauté la stratégie est le plus souvent soit purement nationale, soit déjà mondiale. L'Europe ou bien est absente, ou bien n'est qu'un espace parmi les autres, ou bien n'est qu'un tremplin (documents 6, 7, 8, 9).

Dès lors aucun capitalisme « trans-européen » n'a vu le jour et l'attraction américaine a souvent été plus forte que l'attraction européenne : chaque firme d'un pays européen a eu tendance à se donner la dimension mondiale par accord avec une firme extra-européenne pour pouvoir faire face à la concurrence sur le plan européen lui-même (document 10). Mais les grandes entreprises, favorables incontestablement à la réalisation d'un grand marché, pouvaient-elles agir en faveur d'une intégration économique complète ; y ont-elles intérêt ? (document 11).

Ces dernières années de nouvelles tendances se font jour. S'agit-il d'un sursaut européen (document 12) ? Les alliances nouées tous azimuts montrent que la stratégie des firmes est demeurée sauvage (document 13). L'intérêt soudain des firmes européennes pour le « grand large » (document 14) ne saurait faire illusion : n'est-ce pas le redéploiement de l'économie américaine que financent ainsi les entreprises européennes ? (document 15), les contraintes nées de la crise justifient-elles l'abandon du navire européen au profit d'une intégration plus poussée au capital nord-américain (document 16) ?

L'Europe n'aura-t-elle donc été pour les firmes européennes qu'un terrain de chasse. En ce cas ont-elles besoin d'une Europe politique ? Elles ne semblent y songer que lorsque la conjoncture se dégrade... et les rend frileuses.

A. DESCRIPTION

1. L'Europe, terrain de chasse des firmes multinationales américaines

La troisième puissance industrielle mondiale, après les États-Unis et l'U R S S, pourrait bien être dans quinze ans *non pas l'Europe mais l'industrie américaine en Europe.* Aujourd'hui déjà, à la neuvième année du Marché Commun, *l'organisation de ce marché européen est essentiellement américaine.*

Une à une les sociétés américaines mettent sur pied des états-majors destinés à coiffer l'ensemble de leurs activités dans toute l'Europe occidentale. Ce fédéralisme réel, *le seul en Europe au niveau industriel,* va déjà beaucoup plus loin que ce qu'avaient imaginé les experts du Marché Commun.

[Un] industriel américain de Francfort conclut : « Le Traité de Rome *est la plus belle affaire que l'Europe ait jamais mise sur pied.* C'est ce qui nous a amenés ici. Nous sommes contents d'être là. Nous gagnons de l'argent. Nous en gagnons de plus en plus. Que les négociations politiques à Bruxelles avancent ou n'avancent pas, les perspectives industrielles et commerciales, pour nous, sont encore meilleures ici qu'aux États-Unis. »

L'existence de barrières douanières élevées, à laquelle s'ajoutait la pénurie de dollars, a pu, dans les premières années de l'après-

J.-J. Servan-Schreiber, *Le défi américain,* 1967, Ed. Denoël.

guerre, être un élément décisif de l'implantation en Europe. Puis l'ouverture croissante des frontières entre les Six, et le maintien d'un tarif extérieur commun ont constitué un facteur notable d'attraction. Enfin, alors que le tarif extérieur commun devenait à la suite des négociations Kennedy un obstacle beaucoup moins important, l'afflux des capitaux américains s'est poursuivi[1].

1. Filiales ayant au moins 10% de capital américain.
Notes et études documentaires, n° 3770 (1971), Documentation française.

Investissements directs des États-Unis à l'étranger

(en milliards de $)	1973	1980
Monde	101,3	213,5
CEE	30,9	76,6
Belgique/Luxembourg	2,5	6,9
France	4,3	9,4
Allemagne	7,7	15,4
Italie	2,2	5,4
Pays-Bas	2,4	7,9
Royaume-Uni	11,0	28,1
Danemark	0,5	1,3
Irlande	0,3	2,3
Autres pays européens	7,3	19,1

Investissements directs des États-Unis (en millions de $)

Dans les pays membres de la CEE	Total des industries	Industrie pétrolière	Produits manufacturés	Commerce	Finances et Assurances
CEE	76 588	16 904	41 476	6 957	6 370
Belgique/Luxembourg	6 915	743	3 549	1 351	522
France	9 348	1 269	5 931	1 289	240
Allemagne	14 393	3 479	9 677	1 059	351
Italie	5 396	1 237	3 335	435	39
Pays-Bas	7 948	2 893	3 099	560	691
Danemark	1 260	696	221	285	nd
Irlande	2 229	nd	1 619	29	nd
Royaume-Uni	28 099	6 292	14 047	1 950	4 020

US Department of commerce ; Survey of current Business. *(données 1980)*

En 1976, la dernière année pour laquelle il fut possible d'obtenir des chiffres, les ventes de filiales industrielles américaines implantées en Europe s'élevaient à 171,5 milliards de dollars. Bref, pour 1976, les ventes de ces filiales atteignirent pratiquement six fois et demi le montant des exportations totales des États-Unis vers la Communauté, ou plus de huit fois et demi le montant des exportations de produits non-agricoles.

Europe information, Mai 1982.

2. Interpénétration croissante des capitaux européens

L'interpénétration croissante des capitaux est non moins nette. L'accélération des investissemenst français à l'étranger et étrangers en France, provoquée par la libération des mouvements de capitaux à partir de 1979, se fait en effet essentiellement au profit des pays européens : la part des investissements bruts français en Europe passe ainsi de 36 % du total des investissements français à l'étranger en 1969 à 43,5 % en 1973 ; celle des investissements bruts d'origine européenne en France — par rapport au total des investissements étrangers en France — de 35 % en 1969 (mais de 44 % en 1968) à 54 % en 1973. [...] La pénétration américaine, estimée à 45 % de la pénétration étrangère totale en 1962, a sensiblement reculé au profit de la pénétration européenne, estimée à 55 % en 1970 contre 44 % en 1962. Si les alliances entre groupes industriels et bancaires — Michelin-Semperit, Saint-Gobain-Pont-à-Mousson-Glaverbel, Crédit Lyonnais-Commerzbank-Banco di Roma... — ont été le fer de lance de cette interpénétration croissante des capitaux européens, l'accroissement de la part relative de l'Europe est en partie due à une progression très notable de l'investissement européen de petite et moyenne dimension.

A. Granou, *La bourgeoisie financière au pouvoir*, Ed. Maspero.

Des consortiums bancaires se sont constitués à l'échelle européenne. Ils se sont cristallisés et ont entraîné des associations multinationales de banques dans le style de celle qui unit le Crédit Lyonnais, la Commerzbank et le Banco di Roma. Il est remarquable que ces rapprochements se sont effectués indépendamment du statut privé ou public des organismes concernés. A tout le moins, les différences de régime juridique ont fait prévaloir l'association sur la fusion pure et simple. Ce mouvement de multinationalisation des banques européennes s'est déroulé simultanément à la multiplication des implantations des banques américaines.

C.-A. Michalet, *Le capitalisme mondial*, 1976, P U F.

3. La France, terre d'accueil des investissements allemands

Le flux d'investissements directs entre la R F A et la France 1965-1970, en millions de dollars U S

Année	R F A en France		France en R F A	
	Bruts	Nets	Bruts	Nets
1965	35,0	30,6	19,6	16,8
1966	27,5	25,3	19,6	19,0
1967	44,6	42,2	24,5	23,5
1968	85,3	79,8	22,9	22,7
1969	65,8	60,4	16,6	35,0
1970	89,8	86,8	28,8	17,3

Source : Schéma général d'aménagement de la France, *La Documentation française*, 1974.

Si les Allemands n'ont jamais tant investi à l'étranger (6 milliards de deutsche Mark en 1978, probablement 8 l'an dernier), la France vient, selon les années, au deuxième ou au troisième rang dans leur choix, derrière les États-Unis et le couple Belgique-Luxembourg : 588 millions de deutsche Mark en 1977, 424 en 1978, 326 pour le premier semestre de 1979. Mouvement d'autant plus significatif que pour cause de légèreté du Franc, la réciproque est plus modeste : 507 millions de deutsche Mark d'investissements français en Allemagne en 1970, lorsque le Mark valait 1,50 Franc, mais seulement 274 millions en 1978.

La présence de l'industrie française en Allemagne reste marquée par les très grandes entreprises, P U K, Rhône-Poulenc, Michelin, L'Oréal, et par des investissements réalisés dès avant la Seconde Guerre mondiale dans des secteurs comme la métallurgie (Pont-à-Mousson et de Wendel en Sarre), le verre (Saint-Gobain et B S N contrôlaient l'industrie allemande jusqu'au retrait récent du groupe de M. Antoine Riboud), le textile (Texunion, Prouvost-Masurel). Il n'empêche que certains se montrent encore prêts à payer le prix d'une présence indispensable. Les distributeurs français (Carrefour, Promodès) n'ont fait que quelques incursions outre-Rhin. Le groupe Thomson rôde autour d'A E G Telefunken, le grand malade de l'industrie électrique allemande, après avoir pris le contrôle de Nordmende, fabricant de téléviseurs. Les Forges de Strasbourg viennent de racheter, avec leur associé américain Steel Case, Pohlshroder, la première affaire allemande de leur spécialité, le mobilier de bureau.

Le Nouvel Économiste, n° 222, 18 février 1980.

4. Mais les opérations avec les pays tiers l'emportent encore largement

Opérations internationales dans la C E E

Année	Prises de participation		Filiales communes		Filiales simples	
	Nb	Entre les seules entreprises C E E (%)	Nb	Entre les seules entreprises C E E (%)	Nb	Entre les seules entreprises C E E (%)
1966	254	33	315	34	781	35
1970	327	35	345	34	1 199	39
1971	368	39	382	35	1 408	42

Jacquemin, *Économie industrielle européenne*, 2ᵉ éd. 1979, *nouveau tirage 1980*, Ed. Dunod.

5. L'intégration juridico-financière est restée très limitée

Au milieu des années 60, l'idée de la réunion sur des bases égalitaires de grandes entreprises de nationalités différentes a été à la mode, rappelle-t-on à Bruxelles. Cette mythologie de l'entreprise commune européenne a débouché sur les rapprochements Fiat-Citroën, Dunlop-Pirelli, Agfa-Gevaert, Hoescht-Hoogovens. Depuis l'idée a été abandonnée. Rassembler sur un pied d'égalité deux groupes, chacun conservant son identité, était pratiquement impossible. En tout cas les expériences n'ont guère été concluantes. Soit l'opération n'a débouché sur rien de concret (Dunlop-Pirelli), soit les fiançailles ont été rompues (Fiat-Citroën), soit un troisième larron est venu coiffer le tout (Agfa-Gevaert est passé dans l'orbite de Bayer)[1].

Le Monde

1. On peut par contre citer deux groupes anglo-hollandais célèbres mais leur constitution précède de loin la création de la C E E : Royal Dutch Shell en 1907 et Unilever en 1929.

Chaque firme d'un pays européen a eu tendance à se donner la dimension mondiale par accord avec une firme extra-européenne, principalement américaine, pour pouvoir faire face à la concurrence sur le plan européen lui-même. Autrement dit, les modifications structurelles se sont faites soit sur un plan strictement national, les États intervenant directement pour consolider leurs structures industrielles ou favoriser les concentrations comme il a été recherché systématiquement en France, soit elles sont intervenues sur un plan « transatlantique », ces opérations extra-européennes étant à raison des trois cinquièmes contrôlées par des entreprises américaines.

6. Y a-t-il eu une intégration technique au niveau de la production ?

● **L'enjeu**

Qu'un nombre suffisant d'entreprises en arrivent à considérer l'Europe comme un espace économique unique en produisant dans plusieurs de ses régions, et une mentalité commune pourrait ainsi se dégager.

Appliquée aux quelques milliers de sociétés capables de tirer pleinement profit d'un marché européen intégré, cette européanisation pourrait constituer un front puissant et solide face aux industries américaine et japonaise.

Le Nouvel Économiste, n° 163, 25 décembre 1978.

● **Un exemple : la stratégie des firmes chimiques**

La période 1950-1960 voit le décollage de la pétrochimie. Seuls les grands groupes interviennent, ils ont une politique de production nationale et d'exportation.

Au cours de la période 1960-1970 la stratégie des firmes devient internationale mais limitée le plus souvent à l'extension à une zone supplémentaire (en Europe notamment) ou à un début d'intégration plus large pour une filière donnée. Les firmes moyennes se placent sur le marché à l'échelle nationale.

Enfin 1970-1980 apparaît comme une période où la stratégie des firmes devient planétaire.

Les groupes leaders élargissent leurs intérêts, intervenant sur plusieurs continents, et les firmes moyennes cherchent également des créneaux pour asseoir leurs positions à l'échelle mondiale. De nouveaux pays européens voient leur pétrochimie se développer (Espagne, pays scandinaves). Les firmes européennes moyennes cherchent à imiter la stratégie suivie précédemment par les firmes moyennes américaines en internationalisant la production de leurs produits-clés. Le Proche-Orient est un des maillons de la chaîne dans ce processus d'internationalisation des stratégies, au même titre que l'Asie du Sud-Est et l'Amérique Latine.

Toute analyse des problèmes propres à la chimie nécessite désormais une optique mondiale tant sur le plan des filières de production que sur celui de la stratégie des firmes pour lesquelles l'Europe ne représente qu'un maillon.

Stratégie des firmes chimiques, étude de politique industrielle, *Documentation française*, Paris, 1975.

7. Philips, entreprise européenne

Philips : le « modèle » fédératif

Philips, c'est la plus grosse multinationale européenne, si l'on met à part les compagnies pétrolières. 388 000 salariés de par le monde, dont 268 000 en Europe, 84 000 étant hollandais. Un effectif qui s'est déjà considérablement dégonflé depuis 1974 dans la zone du Marché Commun. « La réduction est encore inéluctable dans les années à venir, plus sévère en Hollande que dans les autres pays européens », dit le porte-parole du président de Philips, M. Rodenburg, neveu du père-fondateur. « Chaque fois que cela est possible, nous remplaçons une fabrication par une autre plutôt que de fermer une usine », plaide M. Gramberg, chargé de veiller à « l'intégration européenne » du groupe.

Un groupe qui est resté hollandais à la tête, mais où l'anglais – avec l'accent américain – véhicule les directives à travers le monde. Et qui a dû accepter le croisement avec des capitaux américains pour s'installer aux États-Unis.

Notre structure est largement fédérative, chaque organisation nationale de Philips est responsable de ce qui se passe dans son pays. Avec des « autochtones » à la tête, parce que c'est le plus sûr moyen d'être « dans le coup », font valoir les dirigeants de la holding. Mais tous les arbitrages importants sont faits à Eindhoven. Avec, au sommet de la pyramide, un « conseil de direction » de onze membres. « Face aux pouvoirs politiques, nous n'avons pas de moyens de contrôle, mais pourquoi nous priverions-nous de dire notre mot ? », admet-on à Eindhoven, où la perspective du renforcement de l'autorité du Parlement européen est bien accueillie.

Le Progrès de Lyon, 8 juin 1979.

8. Unilever : de l'Europe au redéploiement mondial

a. Unilever joue la carte de l'Europe

L'Europe et son marché de 250 millions d'habitants à haut niveau de vie jouent un rôle essentiel dans la stratégie d'Unilever depuis la signature du traité de Rome : la part des capitaux investis en Europe atteint 73 % en 1975 contre 63 % en 1963 et 58 % en 1958.

En 1964, Unilever mène une étude gigantesque à laquelle participent 500 responsables européens sur les implications de l'intégration européenne pour le groupe. Elle permet de dresser les plans de redéploiement des usines et de la taille des unités de production. Si l'intégration européenne se poussuit comme prévu, conclut l'étude, il n'y a aucune raison de multiplier les usines dans chaque pays. La fabrication des détergents est maintenant concentrée en Hollande, celle des produits d'hygiène en Belgique et les secteurs de la trituration et de l'alimentation du bétail ont été réorganisés en Grande-Bretagne, etc. L'intégration européenne donne l'occasion à Unilever d'accroître l'échelle de la production et d'approvisionner des marchés géographiques plus larges par un nombre réduit d'usines.

En Europe, Unilever emploie 89 000 personnes en Grande-Bretagne, 43 000 en Allemagne, 18 000 en Hollande et 12 000 en France.

J.-P. Berlan et J.-B. Bertrand, *Unilever, une multinationale discrète*, 1978, Ed. du Cerf.

b. Unilever et le grand large : le plan anti-crise

Les dirigeants anglo-hollandais s'inquiètent de l'avenir d'un groupe qui, en dépit de son implantation mondiale, réalise encore en Europe 74 % de ses ventes et 63 % de son bénéfice net. Aucun doute pour eux : le ralentissement de la croissance sur le Vieux Continent sera durable, et il s'annonce d'autant plus douloureux à supporter que les filiales d'Unilever détiennent des positions dominantes sur de nombreux marchés.

La campagne américaine d'Unilever. Quand la récession se profile, les multinationales aiment généralement replier une part de leurs actifs sur le plus riche marché du monde : les États-Unis. Unilever n'échappe pas à la règle. Depuis deux ans, le groupe mène une active politique de rachat d'entreprises. En août 1978, Wall Street apprenait ainsi avec surprise le rachat par Unilever d'une importante entreprise du New Jersey : National Starch, 3 milliards de francs de chiffre d'affaires.

Depuis lors, le groupe a racheté une demi-douzaine de firmes.

Redéploiement géographique et diversification. Pour réduire le poids de l'Europe dans la répartition de ses actifs, Unilever ne veut pas se contenter d'une offensive en Amérique du Nord. Le groupe est bien décidé à repartir à la conquête des nouveaux marchés de croissance. Le Brésil, l'Inde, la Malaisie, les Philippines, l'Indonésie ou le Nigéria s'ouvrent à la consommation massive des nouvelles margarines, des détergents, des crèmes glacées et des produits de toilette.

Le Nouvel Économiste, n° 235, 19 mai 1980.

9. Un bilan sur l'intégration

En ce qui concerne *l'intégration juridico-financière* (fusion, prises de participation, etc.), on peut dire que peu de choses se sont passées. Le comportement jusqu'au début de cette décennie est donc resté franchement « nationaliste ».

Les firmes moyennes (500 à 2 500 salariés) ont témoigné d'une « préférence communautaire » plus grande que les autres. Les petites firmes n'ont en fait guère subi le phénomène d'intégration et les grandes ont eu tendance à regarder davantage vers l'extérieur.

Sur le plan de *l'intégration technique*, les adaptations se sont essentiellement situées au niveau commercial, alors que des phénomènes d'intégration considérables en matière de production se déroulaient à l'échelon national.

Une fois encore, on est amené à faire remarquer la situation particulière des firmes moyennes, qui, sur le plan de l'intégration technique communautaire, se classent en tête à la fois pour les opérations commerciales et les productions.

Comme dans le cas précédent, les grandes firmes sont davantage tournées vers le monde extra-communautaire et les petites vers leur pays d'origine.

M. Falise et A. Lepas, *Regard micro-économique sur les unions douanières*, Revue d'économie politique, t. LXXXV.

B. ANALYSE

10. Les divers capitalismes européens se sont internationalisés, mais aucun capitalisme « trans-européen » n'a vu le jour

● Les divers capitalismes nationaux se sont internationalisés, mais aucun capitalisme trans-européen n'a vu le jour ni par formation d'un capital industriel européen ni par formation d'un capital financier européen.

[...] A ce jour, après vingt ans de « Marché Commun », *aucune bourgeoisie européenne n'est en formation*. Les classes capitalistes demeurent d'essence nationale, même lorsque leurs intérêts se « multinationalisent » : leur État d'origine demeure leur protecteur tutélaire. Cependant, l'internationalisation de leurs intérêts en diversifie peu à peu la géographie. L'internationalisation prend parfois, comme dans la France des années 1975-77, l'allure d'une précaution contre la nationalisation. Elle peut également conduire les États à se solidariser pour défendre les intérêts de « leurs multinationales » exposées à quelque péril politique en un point quelconque du marché mondial.

[...] S'agissant de l'Europe occidentale, l'internationalisation du capital s'y est opérée de façon banale, comme dans le reste du marché mondial, sans y coaguler des intérêts spécifiquement européens. Si bien que, faute de bourgeoisie européenne, l'État européen supranational demeure dans les limbes...

R. Fossaert, *Hérodote*, n° 14-15, avril-sept. 1979.

● Le fait est que les relations entre groupes industriels des différents États-membres sont demeurées, pour l'essentiel, des relations classiques de rivalité commerciale, comme on pouvait l'attendre de n'importe quelle zone de libre échange, et n'ont prêté à aucune coopération ou rapprochements importants.

Les rapprochements européens sont demeurés limités en nombre et en importance (filiale Ugine-Bayer dans la chimie, projets Citroën-N S U dans l'automobile, Thomson-Demag dans l'électronique industrielle, etc.). Seul le pipe-line sud-européen, au départ de Marseille et à destination des bords du Rhin, a préfacé des constructions à la dimension de l'Europe de demain.

Les grands groupes des pays voisins se sont parfois fixés sur les grands ensembles publics ou para-publics français comme parte-naires de la dimension convenable (accords Siemens-Commissariat à l'énergie atomique pour l'exploitation de la filière plutonium-réacteurs à eau lourde).

La préférence ou l'attraction européenne dans l'évolution concentrationnaire est apparue systématiquement plus faible que l'attraction nationale ou l'attraction américaine.

Dans la chimie, Saint-Gobain s'est rapproché de Péchiney, et non de Montecatini ou des successeurs de l'I G Farben. Dans l'automobile, Citroën a absorbé Panhard, puis s'est rapproché de Peugeot, Mercédès s'est rapproché de Volkswagen (par Auto-Union) ; dans les poids lourds allemands, Hanomag a fusionné avec M.A.N. Les rapprochements de la Régie Renault avec Alfa-Romeo d'une part, Henschel de l'autre, n'ont pas tenu, non plus que la liaison pourtant ancienne Simca-Fiat. Dans la sidérurgie, le regroupement Nord-Est entre promoteurs d'Usinor s'effectue en dehors de toute participation belge. Dans l'Est, les sidérurgistes lorrains esquissent à Grandrange une coopération qui préface l'intégration : Wendel se rapproche de Pont-à-Mousson, et non d'un quelconque homologue germanique.

R. Wickham, *Concentration et dimension,* Flammarion.

● Quand restructuration il y a eu, elle s'est faite en dehors du cadre et des procédures communautaires.

Aucun de ces succès n'est « européen » : le processus de réorganisation a eu le plus souvent pour objectif de résister à la concurrence intra-communautaire, non celui de réaliser les conditions pour résister le mieux à la concurrence internationale.

Par souci de protection du patrimoine national, par souci de garder sous leur contrôle les unités de décision industrielle, les gouvernements ont étroitement surveillé, ils ont souvent empêché les opérations de concentration communautaire. Ils ont même, au moment où la Communauté développait le grand marché, tenté de reconstituer dans les limites trop étroites de leurs territoires nationaux des zones protégées pour certaines activités industrielles dans le développement desquels leur rôle est prépondérant. De tous ces comportements, les exemples sont nombreux qui sont autant d'échecs dans la voie de la construction d'une Europe forte à structures industrielles fortes : en France autant qu'en Allemagne et en Angleterre, les chimistes, les électriciens, les sidérurgistes, les métallurgistes, se sont mis à s'agglomérer de manière à former de puissants groupes nationaux. Qu'il s'agisse d'une politique conduite directement par le gouvernement comme en Italie grâce à l'E N I ou en Angleterre grâce à l'I R C ou qu'il s'agisse d'une action plus discrète mais tout aussi efficace de la puissance publique, *tout* s'est passé comme si l'élaboration de la Communauté n'avait pas pour objet la promotion de l'Europe dans la compétition internationale, mais la défense stricte des intérêts nationaux et des structures nationales dans une compétition strictement européenne. Au lieu d'une interpénétration des marchés et de la constitution d'entités capables d'affronter les multinationales américaines et japonaises, il s'est formé des oligopoles qui sont venus renforcer les particularismes nationaux.

E. Pisani, *Défi du Monde*, Ramsay.

11. Les grandes entreprises ont-elles besoin du Marché Commun ?

• Les grandes sociétés qui avaient contribué à l'essor du début du Marché Commun étaient bien sûr tout à fait favorables à la première phase de celui-ci qui consistait à créer un grand marché en supprimant les barrières aux échanges. Parmi les premières, elles en avaient vu tout l'intérêt à la fois dans les possibilités directes qu'il représentait et comme moteur d'un libéralisme plus grand sur le plan mondial par la cascade de négociations qu'il allait entraîner. En revanche, que le Marché Commun réussisse à passer au stade supérieur qui est celui de l'union économique et monétaire les arrangeait moins. Le gel du Marché Commun, au niveau où il en est vers 1970, constitue donc la situation sans doute pour elles la plus favorable : les avantages d'un certain libéralisme européen sans les inconvénients éventuels d'un fractionnement ou d'un dirigisme.

J.-F. Deniau, *L'Europe interdite*, Ed. du Seuil.

• Le Marché Commun, moyen d'installation du capitalisme a-national, s'oppose à la réalisation de l'Europe.

[...] Les entreprises multinationales jouent paradoxalement aussi bien sur la réalité de la création du marché unique, que sur les cloisonnements des marchés qui subsistent. Cette contradiction dans l'intégration capitaliste européenne n'est pour elles qu'une question de structures et d'organisation.

[...] Dans l'état actuel de l'évolution du capitalisme, les entreprises qui pourraient servir de base économique à l'Europe politique ne sont de taille européenne et n'ont d'intérêts spécifiquement européens que de façon provisoire. Bientôt, ou bien le trust en question reste, malgré tout, trop faible pour faire face aux pressions extérieures, et il disparaîtra pour s'intégrer dans un ensemble plus vaste (c'est par exemple, ce qui semble se produire en France pour toute une série de groupes tels que Schneider ou Citroën) ou bien au contraire, la logique de la croissance capitaliste l'amènera à développer son influence hors d'Europe, à acquérir une structure multinationale, et par conséquent des intérêts qui ne coïncideront plus avec ceux de l'Europe, qui ne seront plus liés au développement de ses activités en Europe : alors, pour cette firme, des institutions européennes ayant la possibilité d'imposer des objectifs qui ne seraient plus les siens seraient une gêne sinon un obstacle. (C'est déjà le cas pour la Royal Dutch Shell, Unilever ou Philips.)

Le Marché Commun secrète (nécessairement) des forces pour qui l'Europe n'est qu'un champ d'action, un moment de leur croissance, un moyen de leur développement, mais en aucune façon, une structure dont elles ont besoin de manière permanente.

M. Rocard, *Le Marché Commun contre l'Europe*, Ed. du Seuil.

C. NOUVELLES TENDANCES

12. Un sursaut européen ?

Les constructeurs d'automobiles ont prêché l'exemple. Ignorant les rivalités qui les opposent sur les marchés du monde entier, ils ont décidé de mettre sur pied une entente pour faire face au défi technologique des géants américains et japonais. Ils vont mettre en commun leur expérience et leurs bureaux d'études. Participent à ce nouveau club : Renault et Peugeot-Citroën, British Leyland, Fiat, Mercédès et l'outsider suédois Volvo.

Dans l'industrie de la télévision, où le danger japonais devient de plus en plus redoutable, Thomson s'implante sur le marché très disputé de l'Allemagne fédérale. Après avoir racheté la firme allemande Nordmende en septembre 1978 et avoir pris en main la division tubes d'A E G-Telefunken, le numéro un français de l'électronique envisage d'acheter la branche télévision de la même société. La Philips néerlandaise a pris 25 % du capital de l'allemand Grundig.

Dans l'armement, où des constructions en commun comme celles de l'avion franco-anglais Jaguar ou de l'Alphajet franco-allemand ont été des réussites, de nouveaux projets sont en cours. En particulier celui d'un avion d'appui tactique qui serait fabriqué par Dassault, British Aerospace, Messerschmitt-Bolkow-Blohm et éventuellement Aeritalia. On parle aussi d'un char d'assaut lourd qui serait construit par des firmes françaises et allemandes.

Chez les constructeurs de poids lourds, Fiat, Unic (filiale française de Fiat) et M A N (Allemagne) ont édifié le consortium Iveco.

Le Nouvel Observateur, 28 avril 1980.

13. Des alliés tous azimuts

En Grande-Bretagne, l'année a été marquée par la débâcle des fabricants locaux de téléviseurs, face aux groupes japonais. Des sociétés communes ont été créées entre Rank et Toshiba, d'une part, et G E C et Hitachi, d'autre part. Dans le domaine des composants électroniques, G E C a signé un accord avec l'américain Fairchild, et le marché européen des circuits intégrés est devenu le champ clos d'une bataille entre les grands groupes américains, chacun cherchant « *son* » allié européen.

Année du *Monde*, 1979.

La régie Renault et la société américaine Bendix ont décidé de créer en France une filiale commune (51 % Renault, 49 % Bendix) pour étudier, mettre au point et fabriquer des systèmes électroniques pour le contrôle des moteurs.

Pour Bendix, l'intérêt d'un tel accord est évident. En lui ouvrant les portes de l'Europe et de la technique française de l'automobile, Renault lui permet de lutter contre son grand concurrent, Bosch... et Motorola qui espère, grâce à son accord avec General Motors, contrôler la filière, du circuit au système.

Sans doute, les pouvoirs publics auraient-ils souhaité une solution plus « française » que cet accord « franco-américain ». On avait espéré que les grands utilisateurs de composants que sont Renault et Peugeot-Citroën s'associeraient étroitement au « plan composants » que les pouvoirs publics tentent – ô combien laborieusement – de mettre sur pied depuis des années. Renault (comme Peugeot-Citroën) fait finalement cavalier seul.

Le Monde, 5 août 1978.

c. La banque : le clivage entre « Européens » et « Américains » chez les Français

Les grandes manœuvres internationales du « traveller's cheque » ont commencé. Longtemps attendue, l'offensive des banques européennes contre la domination des grands réseaux américains (American Express, Citicorp et Bank of America) a été lancée le 27 septembre dernier. Des banquiers de dix-sept pays européens réunis à Bruxelles se sont engagés dans une négociation marathon. L'objet : la création d'un chèque de voyage « européen » à partir de Thomas Cook, propriété de la Midland Bank, et premier réseau non américain, avec, 8,5 % du marché mondial. A terme, le projet pourrait aboutir au rachat de la division « chèques de voyage » de Thomas Cook par un consortium de banques européennes qui en feraient un service commun et uniforme.

A la pointe de cette croisade anti-américaine, l'ensemble des banques allemandes. Belges et Scandinaves participent également de très près à la négociation.

Du côté français, l'affaire provoque un clivage très net entre « Européens » et « Américains ». La Société générale s'est associée à l'opération Thomas Cook. En revanche, le Crédit lyonnais, la B N P et le Crédit agricole participent à une initiative d'American Express. Le jour même où la Midland Bank révélait son projet européen, American Express annonçait qu'elle étudiait avec ces trois banques, le principe d'une émission commune d'un chèque de voyage en francs français. L'association pourrait prendre la forme d'une société commune à majorité française et ouverte à d'autres banques françaises. « Des négociations de même genre sont en cours avec plusieurs autres groupes de banques en Europe », indique M. Pierre Rousset, responsable de la division « traveller's cheques » d'American Express.

Le Nouvel Économiste, 1980.

14. A l'assaut des États-Unis

Les pays de la Communauté sont les plus importants détenteurs d'investissements directs aux États-Unis, à la fin de l'année 1980 (avec une valeur totale de 37,850 milliards de dollars), les Pays-Bas occupant la première position avec 16,16 milliards de dollars, le Royaume-Uni en seconde position avec 11,4 milliards de dollars et la République fédérale d'Allemagne en quatrième position avec 5,29 milliards de dollars.

On dénote une concentration des investissements des pays de la Communauté dans certaines industries : 12 milliards de dollars dans l'industrie des produits manufacturés, 9,7 milliards de dollars dans l'industrie pétrolière...

Europe information, mai 1982.

Investissements directs des pays membres de la CEE aux États-Unis à la fin de l'année 1980

(millions de dollars)

Pays	Total des industries	Industries pétro-lières	Produits manu-facturés	Commerce
Total CEE.........	37 850	9 687	12 022	7 542
Belgique-Luxem-bourg	1 873	1 224	221	158
France............	2 672	240	1 393	583
Allemagne........	5 290	48	2 137	1 759
Italie	334	*	7	200
Pays-Bas..........	16 159	8 319	3 931	1 113
Royaume-Uni	11 342	− 147	4 277	3 633
Danemark et Irlande	180	3	56	96

(*) Moins de 500 000 $

US Department of Commerce : Survey of Current Business.

Les exportations vers les États-Unis

Les exportations en provenance des quatre coins d'Europe partent inonder les États-Unis. Le niveau élevé du dollar, en se combinant avec la rapide croissance économique que connaissent actuellement les États-Unis, a eu un effet spectaculaire sur les courants commerciaux européens et transformé les résultats financiers de nombreuses sociétés.

Au cours des quatre premiers mois de cette année, alors que les exportations américaines en Europe n'augmentaient que de 1,8 %, les importations en provenance des pays du Marché commun connaissaient un essor de 41,5 % ; du point de vue des États-Unis, la balance commerciale avec la Communauté européenne, qui dégageait il y a deux ans des surplus confortables, se soldait en un déficit de 3,9 milliards de dollars.

L'augmentation des ventes de la Communauté s'est répartie sur un large éventail de produits manufacturés allant des produits chimiques (augmentation de plus de 2/5) aux voitures de tourisme (hausse supérieure à 75 %), en passant par les articles de bonneterie. L'Europe tout entière a profité de ce mouvement.

Financial Times, 24 septembre 1984.

Les entreprises allemandes attachent une grande importance à la question de la tranquillité du climat social. « En Allemagne les travailleurs entendent participer à la gestion de l'entreprise et bon nombre de firmes allemandes s'attendent à une période d'agitation », explique le directeur d'une banque américaine de Francfort. A l'inverse les États-Unis sont considérés comme un pays avantageux pour l'investissement parce que les syndicats ne s'intéressent pas vraiment à la question de la participation [...].

Selon les critères actuels, en effet, l'énergie et la main-d'œuvre sont bon marché aux États-Unis et ce pays dispose d'un atout supplémentaire qui tend à devenir rarissime : la stabilité politique.

Business Week, 9 juillet 1979.

15. Qui se redéploie ?

• Les groupes européens ?

Le prix de l'énergie augmentant aux États-Unis, comparé à celui de la main-d'œuvre ou à d'autres facteurs de production, il n'est pas étonnant que des *clients* américains comme Amtrak (une des principales sociétés de transport ferroviaire) ou Eastern Airlines éprouvent un intérêt soudain à acheter des locomotives *économiques* japonaises ou françaises, ou l'Airbus germano-français. Il n'est pas non plus étonnant que des sociétés européennes comme Michelin s'implantent aux États-Unis, pour fabriquer des produits permettant des économies d'énergie, comme le pneu radial, ou que l'Allemand Robert Bosch y vienne fabriquer des équipements à injection de gas-oil, ou que la société française Péchiney accroisse sa part du marché américain grâce à son procédé de fabrication de l'aluminium, peu gourmand en électricité.

Harvard - L'expansion, 1979.

• Ou les groupes américains ?

Chrysler se spécialise dans la recherche et le développement des technologies d'avant-garde dont dépend l'avenir de cette industrie : électronique, robotique, automatisme, mais aussi conception.

Le groupe français se spécialise dans la fabrication en série des voitures. Comment ne pas voir que le vieux schéma des associations inégales est en train de se vérifier une nouvelle fois ?

Qu'un groupe américain vende ses filiales *de production* ne doit pas, en effet, être pris pour un aveu de défaite.

Les groupes américains ont vendu, entre 1971 et 1975, un total de mille trois cent cinquante-neuf de leurs filiales à l'étranger, dont près de cinq cents en Europe. Ces filiales (10 % du total) se trouvent pour l'essentiel dans les secteurs où les investissements sont lourds, la rentabilité faible, la technologie banale et la concurrence vive. L'automobile est l'un de ces secteurs. Aussi n'est-ce pas Peugeot-Citroën mais Chrysler qui se « *redéploie* » en se défaisant de ses usines d'automobiles et de leurs dettes, tout en s'assurant la clientèle du groupe français pour les brevets Chrysler.

Toutes les ventes de filiales américaines répondent à ce même schéma : les groupes américains obtiennent, en échange de leurs usines à la technologie « banalisée », des capitaux frais qu'ils investissent dans des secteurs de pointe, à forte croissance et à rentabilité élevée, susceptibles de conserver ou de rendre aux États-Unis leur avance technologique et leur domination financière. Le Vieux Monde finance de la sorte le redéploiement de l'économie américaine et le renouveau de sa suprématie, au moment même où il fait grand cas de la décadence des États-Unis et de l'effondrement de leur empire.

M. Bosquet, *Le Nouvel Observateur*, 19 août 1978.

16. Une intégration plus poussée au capital nord-américain

Les investissements français peuvent-ils être comparés aux investissements américains en France ? Aucune firme multinationale française − même la plus importante − ne peut prétendre exercer sur un secteur de l'économie américaine, quel qu'il soit, un pouvoir comparable à celui que les firmes américaines détiennent en France.

Les investissements d'un pays comme la France aux États-Unis, ont par contre une conséquence évidente. Ils associent étroitement les sociétés françaises à la puissance américaine.

La contradiction est qu'on ne peut pas être présent sur le marché américain, qu'il faut pour cela s'implanter aux États-Unis mêmes, mais qu'en le faisant, les groupes multinationaux français renforcent les liens qui rattachent l'économie française à l'ordre multinational américain. Est-il excessif de penser que les capitaux français qui vont s'investir aux États-Unis ont un rôle complémentaire de celui des capitaux américains qui viennent en France et que les premiers, tout autant que les seconds, accentuent la dépendance de l'économie française ?

J. Thibau, *La France colonisée*, Flammarion 1980.

Quelques ouvrages

- J.-M. Boegner, *Le Marché Commun de Six à Neuf*, A. Colin

- *Collectif, Sur l'Europe des années 80*, P.U.F., 1980

- *Commissariat général au Plan*, L'Europe des vingt prochaines années, Documentation Française, 1980

- J.-F. Deniau, *L'Europe interdite*, Ed. du Seuil, 1977

- P. Maillet, *La construction européenne*, P.U.F., 1975

- B. Jaumont, D. Lenègre et M. Rocard, *Le Marché Commun contre l'Europe*, Ed. du Seuil, 1973

- M. Richonnier, *Les métamorphoses de l'Europe*, Flammarion 1985.

- Sources satistiques
  Eurostat regroupe les principales informations statistiques des pays de la Communauté.

Imprimé en France par l'Imprimerie Hérissey - 27000 Évreux
Dépôt légal : Juillet 1985 - N° d'édition : 7604 - N° d'impression : 37685